Acredito firmemente que, ao abordar até mesmo os momentos mais simples ou rotineiros de nossa vida com foco e reverência, criamos um efeito cascata de beleza e encantamento. Esse efeito, em última análise, leva a um bem maior em todas as coisas.

A Hora do Chá Encantado

CONECTE-SE À ESSÊNCIA DAS PLANTAS COM A AJUDA DE FEITIÇOS, RITUAIS E CELEBRAÇÕES

Gail Bussi

A HORA DO CHÁ ENCANTADO
Enchanted Teatime: Connect to Spirit Through Spells, Traditions, Rituals & Celebrations
Direitos autorais © 2023 Gail Bussi | Publicado por Llewellyn Publications
Woodbury, MN 55125 EUA | www.llewellyn.com
© 2024 Editora Nova Senda

Tradução: Renan Papale
Revisão: Luciana Papale
Capa: Carmell Louize Montano
Diagramação: Décio Lopes

DADOS INTERNACIONAIS DE CATALOGAÇÃO NA PUBLICAÇÃO (CIP)
Angélica Ilacqua CRB-8/7057

Bussi, Gail

A hora do chá encantado: conecte-se à essência das plantas com a ajuda de feitiços, rituais e celebrações / Gail Bussi; Tradução de Renan Papale. 1ª edição - 3ª impressão. São Paulo: Editora Nova Senda, 2025.

272 páginas: il.

ISBN 978-65-87720-28-9
Título original: *Teatime: Connect to Spirit Through Spells, Traditions, Rituals & Celebrations*

1. Chá 2. Chá - História 3. Chá de ervas I. Título II. Papale, Renan

24-0471	CDD 641.3372

Índices para catálogo sistemático:
1. Chá

Proibida a reprodução total ou parcial desta obra, de qualquer forma ou por qualquer meio, seja eletrônico ou mecânico, inclusive por meio de processos xerográficos, incluindo ainda o uso da internet sem a permissão expressa da Editora Nova Senda, na pessoa de seu editor (Lei nº 9.610, de 19/02/1998).

Direitos de publicação no Brasil reservados para Editora Nova Senda.

EDITORA NOVA SENDA
Rua Jaboticabal, 698 – Vila Bertioga – São Paulo/SP
CEP 03188-001 | Tel. 11 2609-5787
contato@novasenda.com.br | www.novasenda.com.br

Caro leitor,

As informações e receitas contidas neste livro não têm a intenção de substituir a orientação, o cuidado ou o tratamento médico. Se estiver sofrendo de algum tipo de doença, tomando medicamentos, ou se estiver grávida ou amamentando, é importante consultar seu médico antes de usar qualquer uma das receitas deste livro.

Este livro é dedicado aos queridos amigos que compartilharam comigo muitas horas de chá encantado: Lyn e Angela, que já partiram para a luz, e Caryn, sempre presente com amor. E em memória de minha mãe, Catherine Ritchie Bussi. Você teria adorado este, mamãe!

SUMÁRIO

Introdução... 17

Parte 1: Chá: História, Tradição e Ritual 21
   1 | Chá: uma tradição de rituais aromáticos 23
   2 | Mais do que apenas uma xícara...................... 29
   3 | A Arte Japonesa do Chá 33

Parte 2: Um Chá de Ervas 35
   4 | Preparando a Xícara de Chá Perfeita................. 37
   5 | Mantendo um Diário de Chás de Ervas 43
   6 | A Magia Verde dos Chás........................... 47
   7 | Chás na Criação de Rituais e Cerimônias Pessoais 57
   8 | Criando seu Jardim de Ervas 65

Parte 3: Encantamentos da Bruxa do Chá 71
   9 | Chás Astrológicos................................ 73
 10 | Preparação de Xaropes para Chá de Ervas 79
 11 | Essências Florais 83
 12 | Misturas de Chá para Sabedoria e Cura dos Chacras 89
 13 | O Oráculo das Folhas 93

Parte 4: Chás para todos os dias, estações e celebrações 97

14 | Chá ao Nascer do Sol 99

15 | Chás de mesa de cozinha 109

16 | Chá de Pijama 119

17 | Chá da Deusa das Fadas 131

18 | Um Chá Verde Selvagem 141

19 | Chá no Jardim 151

20 | Chá com as Sereias 163

21 | Chá de Folhas que Caem 175

22 | Chá Mágico Lunar 185

23 | Chá em Memória aos Ancestrais 197

24 | Um Chá de Bênçãos e Conforto para o Inverno 209

25 | Ervas, Especiarias, Plantas e Flores Usadas para Chás. . . . 223

Conclusão 269

Bibliografia 271

Receitas

⤛⤜ DOCES E SALGADOS ⤛⤜

Pão de Chá Earl Grey 103
Muffins da Glória da Manhã 105
Cookies Amanteigados de Gengibre e Amêndoas 106
Biscoito Amanteigado com Gotas de Chocolate 113
Scones de Ervas e Queijo 114
      Cobertura de Queijo Cremoso 115
Tarteletes de Frango da Coroação 116
Barras Ensoladas de Limão 125
Biscotti de Amêndoas e Laranja 126
Scones de Mel e Banana 127
Barras de Merengue de Morango 135
Sanduíches Cremosos de Hortelã e Pepino 136
Bolo Borboleta 137
      Cobertura das Fadas 138
Pão Sírio de Cominho com Pesto 145
Cheesecake Japonês 147
Barras Verdes Mágicas 148
Fazendo Tussie-Mussies 153
Redemoinhos de Amêndoa e Framboesa 156
Pão de Limão e Tomilho 157

Choux de Rosa e Chocolate (profiteroles) 158
    Mousse de Rosas e Chocolate Branco. 159
    Cobertura de Rosas 160
Beijinhos de Sereia. 169
Biscoitos de Champanhe e Rosas 170
    Cobertura de champanhe 171
Rolinhos de Mousse de Salmão. 171
Bolo de Maçã de Dorset. 179
Pão de Canela com Especiarias 180
Pequenas Tortas Caseiras. 182
Tortinhas de Limão e Erva-Cidreira .191
Biscoitos de Lua Sonhadora 193
Bolo Guinness com Cobertura Meia-noite. 203
    Cobertura meia-noite 204
Muffins de Alecrim e Abóbora 204
Mini Frittatas de Pimentão e Cogumelos. 205
Bolinhos de Chá. 217
Bolo de Natal da Nonna. 218
Gotas de Yule 219

-«««•»»»- RECEITAS DE CHÁS E COMBINAÇÕES -«««•»»»-

Xarope de Ervas Frescas. 79
Xarope de Cardamomo 80
Xarope de Chá de Gengibre e Especiarias 80
Chá Dia Radiante. 101
Chá Para Melhorar o Humor. 102
Chá Matinal de Esther. 102
Chá de Lavanda e Manjericão 103
Cappuccino Vermelho (Rooibos) 103
Chá para a Saúde Diária 111
Chá Conversando Sobre Isso. 112
Chá da Casinha. 112

Chá São e Salvo 113

Chás Antes de Dormir 121

Chá de Cúrcuma e outras Ervas para Dormir 122

Chá Verde Curativo 123

Chá Calmante. 123

Chá Refrescante para Limpeza 124

Chá para Imunidade 124

Chá e Elixir Mágico para Enxergar Fadas. 133

Chá Desejos das Fadas 133

Chá Refrescante de Borragem 134

Chá de Dente-de-leão para Adivinhação 134

Chá Reinos Mágicos para Meditação 134

Chá de Verbena com Rosas 144

Chá Verde Ritual 144

Chá Verde Espiritual 144

Infusões Simples de Ervas e Frutas. 145

Chá Jardim de Provence. 154

Chá Gelado de Rooibos, Mel e Hortelã 154

Chá Curativo do Jardineiro 154

Chá de Pot-pourri. 155

Chá Doce Romance 155

Chá de Abertura para Magia. 167

Chá de Flores de Fada 168

Chá Gelado Jasmim da Alegria 168

Chá Céu Azul 169

Chá Marroquino de Hortelã e Especiarias 178

Chá da Sabedoria do Outono 178

Chá para Afastar Negatividade. 179

Chás para Diferentes Fases da Lua 186

Chá de Brotos de Salgueiro 189

Chá Sonhos ao Luar 190

Chá ao Ritmo da Lua 190

Chá para Sonhos Lúcidos 200

Chá Espíritos Gentis 201

Chá para Aliviar o Luto 201

Chá dos Ancestrais de Julia 202

Chá de Inverno à Maneira Escandinava 210

Chá Hygge para Inspiração 214

Chá para Conexão Espiritual 214

Chá de Erva-doce e Hortelã para o Estômago 215

Chá para Resfriados de Inverno 215

Chá para Abundância e Prosperidade 216

> Existe algo na natureza do chá
> que nos leva a um mundo de
> plena contemplação da vida.
>
> Lin Yutang

INTRODUÇÃO

"Vamos tomar uma boa xícara de chá". Estas palavras fizeram parte da minha infância, época em que o chá não era apenas um prazer diário, mas também uma panaceia para todos os males, mentais ou físicos, reais ou imaginários. Tomar chá está intrinsecamente ligado às minhas lembranças de infância na África do Sul, portanto, este livro realmente vem do meu coração e representa o amor, a memória e o espírito em níveis muito pessoais e mágicos.

A família da minha mãe veio originalmente da Escócia, onde a hora do chá é uma parte importante da vida cotidiana, assim como no resto do Reino Unido. Em nossa casa, tudo parava para o chá às quatro horas da tarde, e as festas do chá eram uma parte regular da nossa rotina, tanto em nosso lar quanto na casa de amigos e familiares. Lembro-me particularmente dos chás da tarde de domingo na bela casa vitoriana da tia Eileen, sentados ao redor da longa mesa de madeira em sua sala de jantar. Havia um grande bule de chá de prata, xícaras de chá azuis e brancas, scones, um lindo vaso com rosas ou as clássicas hortênsias do tio Bill e – sempre – fatias grossas de seu famoso bolo de chocolate favorito.

Em minha vida adulta, tive a sorte de viajar bastante e também morei por algum tempo na Inglaterra e na Escócia: muitas Casas de Chá para visitar, algumas pequenas e aconchegantes em pequenos vilarejos, outras mais elegantes em hotéis famosos em Londres e Edimburgo. Cheguei a trabalhar por um tempo em uma conhecida Casa de Chá em Londres, a Teatime, perto de Clapham Common – para mim, era como estar no sétimo céu, mesmo que houvesse muita louça para lavar em minha rotina diária de trabalho.

Sempre tive em mente a ideia de abrir minha própria Casa de Chá um dia, ou, quem sabe, escrever um livro sobre chá. Mas foi somente depois de meus estudos sobre magia verde e herbalismo e da escrita de meus dois livros anteriores, *Enchanted Herbal* e *Enchanted Kitchen*, que essa ideia realmente tomou forma em minha mente. A hora do chá, como tantos outros rituais diários simples em nossas vidas, pode ser muito mais do que isso; pode abrir nossas mentes para formas totalmente novas de pensar e estar no mundo. Essa é a magia que as Bruxas de Cozinha conhecem e abraçam com alegria e reverência: não há nada de mundano ou comum em nossas vidas e tarefas cotidianas; pelo contrário, nosso dia a dia pode se tornar um portal para um novo encantamento, esperança e cura, se optarmos por conduzi-los assim.

No entanto, o termo "Bruxaria de Cozinha" não é restrito ou limitado a apenas algumas pessoas que escolheram um caminho ou estilo de vida específico; acredito que seja simplesmente uma maneira de estar no mundo, independentemente do caminho espiritual ou das crenças que escolhemos. Nós amamos e honramos o mundo natural e consideramos a Terra como nossa mãe, professora e curadora, esses simples rituais e tradições cotidianos da hora do chá são momentos adoráveis de acessar essas dádivas, não importando a nossa identidade. O chá é para todos!

É claro que a hora do chá é compartilhada por muitas culturas e tradições diferentes em nosso mundo – digo isso pensando especialmente no Japão e na China, onde suas várias cerimônias de chá são vistas como uma porta de entrada para uma maior autocompreensão, atenção plena e paz. Este livro compartilhará muitas ideias dessas culturas, bem como inspirações da sabedoria popular, para que possamos criar nossas próprias cerimônias e celebrações do chá, seja por conta própria ou para compartilhar com outras pessoas.

Talvez, acima de tudo, este livro foi criado com o objetivo de proporcionar a todos nós um pequeno espaço sagrado em nossas vidas – tempo para refletir, sonhar, ser. É nesses momentos, por mais simples e comuns que possam parecer, que podemos acessar nosso verdadeiro eu e encontrar a magia interior. Essa é a alquimia que está no centro de nossas vidas – como Bruxas da cozinha, sabemos que nossas rotinas simples de assar, cozinhar e afins são um portal para o encantamento cotidiano.

A *Hora do Chá* nos convida a entrar nesses momentos e a encontrar nutrição interior, paz e alegria, que então se espalham pelo mundo e se tornam uma força poderosa de cura, inspiração e conexão.

Este livro apresenta uma série de temas diferentes para tradições e celebrações do chá, alguns dos quais são de natureza sazonal, enquanto outros são adequados para uso em qualquer época. Há também informações abrangentes sobre diferentes tipos de chá e suas propriedades e energias, ideias de decoração e presentes para ocasiões relacionadas ao chá e, é claro, uma seleção de receitas simples, doces e salgadas, que contribuem para o tema e a intenção de uma determinada cerimônia ou celebração do chá.

Parte 1

Chá: História, Tradição e Ritual

> O chá começou como um remédio e se transformou em uma bebida.
>
> Okakura Kakuzō

1

CHÁ: UMA TRADIÇÃO DE RITUAIS AROMÁTICOS

Desde os tempos antigos, a bebida produzida pela imersão das folhas da *Camellia sinensis* em água fervente era vista como portadora de muitas propriedades benéficas à saúde e à vida. Diz a lenda, que a tradição começou em 2750 EC, quando o imperador chinês Shen Nung, que era um herborista, preparou água fervente para sua bebida matinal e notou que algumas folhas haviam sido levadas para a panela por uma brisa que passava. Ele ficou encantado com a fragrância do líquido quente, bem como com a sensação de bem-estar e elevação que sentiu depois de tomar essa nova bebida.

O chá, como bebida e remédio, também era reverenciado nas tradições budistas e japonesas por sua capacidade de criar harmonia no corpo e na mente e permitir a quietude meditativa e a paz dentro da estrutura da rotina diária. Há uma lenda japonesa sobre as origens do chá chamada "As pálpebras de Bodhidharma". O monge Bodhidharma, também conhecido como Daruma, no Japão, chegou àquele país por volta de 520 AEC e passou muitos anos meditando em vários templos. Finalmente, após sete anos de meditação contínua, ele cochilou (o que não é surpreendente). Quando acordou, ficou tão envergonhado de sua fraqueza e falta de concentração que cortou as pálpebras e as jogou no chão. Lá elas criaram raízes e brotaram como dois arbustos lindos e perfumados – as primeiras plantas de chá!

Lu Yu, que escreveu *The Classic of Tea* (*O Clássico do Chá*) por volta de 750 EC, disse que o chá "dissipa a lassidão e alivia a fadiga, desperta e evita a sonolência, refresca o corpo e limpa as faculdades perceptivas" – nada mal para uma simples bebida à base de ervas!

O chá demorou um pouco mais para chegar ao Ocidente (somente após o século 15), com o primeiro anúncio de chá aparecendo na Grã-Bretanha em 1658. Foi enfatizado, então, as muitas qualidades medicinais do chá, mas por um tempo, beber chá foi considerado uma ocupação um tanto duvidosa e frívola! Infelizmente, a crescente popularidade do chá fez com que ele fosse taxado pesadamente, colocando-o fora do alcance da maioria das pessoas e levando a um lucrativo comércio da bebida contrabandeada. O imposto sobre o chá vendido nas colônias americanas levou à chamada "Festa do Chá de Boston", em 1773, quando britânicos, vestidos como nativos americanos, embarcaram em três navios no porto de Boston e jogaram todo o chá que eles continham no mar, como um gesto de desafio. Essa foi uma das ações que endureceu as opiniões americanas contra o domínio britânico e levou à Declaração de Independência, três anos depois.

Atualmente, o chá é a bebida quente favorita no mundo, superando o café por pouco. Imagino que se os chás de ervas fossem incluídos nesses números, eles seriam significativamente maiores, especialmente nos últimos anos, quando o interesse pelas ervas e pela medicina natural verde aumentou muito.

Chás Tradicionais

Devemos nos lembrar de que os chás que consideramos "tradicionais" (por falta de uma palavra melhor) também são basicamente chás de ervas, já que todos os chás branco, verde e preto começam com as folhas do arbusto *Camellia sinensis* ou *Camellia assamica*, que são classificadas como ervas aromáticas. Os diferentes sabores e efeitos do chá são resultado da época e do local da colheita, das formas de processamento, dos níveis de oxidação e das adições de sabor (se houver).

As plantas de chá geralmente são cultivadas em áreas de alta temperatura e umidade – uma das razões pelas quais elas se dão tão bem em certas partes da China, Quênia, Indonésia, Índia e outras partes da Ásia. Somente quando a planta tem de quatro a cinco anos de idade é que as folhas são colhidas, enroladas e tratadas em câmaras de calor. Os chás verdes não passam pelo mesmo processo de aquecimento que os chás pretos; como resultado, eles são mais delicados e frescos no sabor e mais ricos em antioxidantes. Os chás pretos são tratados de maneiras diferentes, o que resulta em sabores e tipos de chá específicos.

Variedades de Chás Tradicionais

As variedades de chá também mudam de acordo com a região e as formas de cultivo. Algumas das mais comuns e populares são:

Chás verdes: provavelmente os chás mais consumidos no mundo. Os chás verdes podem ter uma ampla variedade de sabores e níveis de intensidade. Eles são muito ricos em antioxidantes e são mais bem preparados com água levemente fervida; se forem preparados em temperaturas muito altas, podem se tornar amargos e desagradáveis.

Chás brancos: embora não tão comuns, eles estão ganhando popularidade. São os mais suaves e puros de todos os chás tradicionais, com um sabor sutil e refrescante. Muitos benefícios à saúde são creditados a eles, incluindo a redução da inflamação, o fortalecimento dos ossos, a prevenção de doenças cardíacas e a redução do colesterol, entre outros. Os chás brancos devem ser preparados preferencialmente com água a uma temperatura de 80-85 °C e também não devem ser deixados em infusão por mais de três minutos, pois podem se tornar amargos.

Chás pretos: são geralmente divididos em dois grupos:

- *Chás claros ou Oolong:* Earl Grey, Ceylon, Darjeeling e Caravan são chás processados pelo calor por um período relativamente curto, portanto, mais suaves em cor e sabor do que os verdadeiros chás pretos. Os chás Oolong chineses são leves e geralmente têm um sabor delicado de frutas.

- *Chás escuros ou pretos:* Assam, English Breakfast e Lapsang Souchong são chás que adquirem um sabor característico por serem defumados durante o processo de secagem. Os chás pretos chineses variam muito em termos de sabor, sendo que um dos melhores é o Keemun, que tem um sabor profundo e rico e ao mesmo tempo baixo teor de taninos. Tanto a Índia quanto o Sri Lanka (Ceilão) também produzem muitos tipos de chá preto, sendo o Assam um chá indiano clássico, assim como o Darjeeling, que tem um sabor distinto e delicado.

Chás aromatizados ou florais: geralmente, os chás pretos ou verdes são combinados com outras fragrâncias, como as de flores, frutas e especiarias. Essa é uma tradição antiga na China, como pode ser visto no chá de jasmim e no *Rose Pouchong*, que é feito intercalando pétalas de rosa com folhas de chá durante o processo de secagem, resultando em uma xícara de chá delicadamente perfumado. Os chás também são feitos com flores de crisântemo, orquídeas, violetas, laranjeira, maracujá, lichia e damasco.

Os Aspectos do Chá para a Saúde

O chá preto geralmente é totalmente oxidado e tem um teor de cafeína mais elevado, além de maiores níveis de adstringência, provenientes dos taninos, que é um subgrupo dos polifenóis vegetais, que, por sua vez, são óleos exclusivos de cada planta, responsáveis pelo sabor, fragrância e benefícios à saúde. Esses taninos contribuem para os níveis de antioxidantes que melhoram a saúde em geral, em especial a do coração, e ajudam na digestão. Os monges budistas usavam o chá preto para melhorar seus níveis de concentração e atenção plena, especialmente durante a meditação. (O que nos leva de volta a Bodhidharma e suas infelizes pálpebras!)

Se estiver preocupado com os níveis de cafeína no chá (embora ele contenha de 50 a 75% menos cafeína do que o café forte), é importante observar que os taninos, também encontrados no chá, ligam-se à cafeína e estabilizam seu efeito, liberando-a mais lentamente no corpo. O teor de cafeína nos chás não é determinado pelo tipo de folha ou pelo método de processamento (chá branco, verde ou preto), mas por fatores como a quantidade de chá, a duração do tempo de preparo e a temperatura da água. O chá Matcha é uma exceção, pois tem um teor de cafeína significativamente mais alto, portanto, provavelmente não é a melhor opção para consumo tarde da noite ou quando você quiser relaxar. Obviamente, os chás descafeinados estão amplamente disponíveis e são uma boa alternativa para quem deseja diminuir a cafeína da dieta.

Há outras plantas que também são usadas para fazer chás: em particular, estou pensando em rooibos (*Aspalathus linearis*) e honeybush (*Cyclopia*), ambas nativas do meu país, a África do Sul. O rooibos é um chá brilhante e de sabor forte que é particularmente rico em antioxidantes e oferece todos os tipos de propriedades estimulantes e saudáveis. Usado para fazer cappuccino vermelho, uma alternativa à popular bebida de café; veja uma receita na página 103.

Se a sua compaixão não se
estende a você mesmo,
ela está incompleta.

O Buda

2

MAIS DO QUE
APENAS UMA XÍCARA

Apesar de bebermos chá como uma simples bebida ao longo do dia, ele também se tornou um ritual muito especial conhecido como "Chá da Tarde". Algumas pessoas me perguntaram onde e quando isso começou, acredito que isso venha da minha herança familiar, minha mãe vem do Reino Unido, sem contar com o fato de ter passado muito tempo em Casas de Chá quando vivi em Londres e na Escócia!

Pela adorável tradição do chá da tarde, temos que agradecer a uma mulher: Anna, a Sétima Duquesa de Bedford, no ano de 1840. Naquela época, o chá era tomado apenas no café da manhã. Em seguida, seguia-se um longo dia com muito pouco sustento até que o jantar fosse servido às 19 ou 20 horas. Sentindo fome e cansaço, um dia a duquesa pediu à sua empregada que trouxesse uma bandeja com chá, bolo e sanduíches simples no meio da tarde, para que ela e seus convidados pudessem saciar a fome e a sede.

Isso logo se tornou uma rotina diária e o costume se espalhou rapidamente para outras residências de classe alta na Inglaterra. Mas não ficou por aí. Em poucas décadas, o "chá da tarde" era uma característica da vida doméstica em todos os lugares, com os convidados comendo *scones*, pequenos bolos, biscoitos e sanduíches. Esses chás caseiros simples foram eclipsados pelos chás muito elaborados e elegantes oferecidos nos hotéis da época, e ainda são uma das principais características de muitos hotéis em todo o mundo. Em minha casa também tínhamos a tradição do chá da tarde, uma refeição muito mais robusta que, na verdade, poderia substituir o jantar, e muitas vezes, incluía ovos, bacon e tortas.

Inevitavelmente, isso foi visto como uma possível oportunidade de negócios, com a abertura da primeira Casa de Chá ABC na London Bridge, em 1884. Foi um sucesso instantâneo, as Casas de Chá começaram a surgir por toda parte, desde as pequenas e simples até os espaços de chá suntuosos oferecidos em grandes hotéis. Atualmente, as Casas de Chá são uma característica da vida na maioria dos países, mas acredito que os bons e antigos chás caseiros ainda são os melhores e mais mágicos de todos.

Eu sempre estive aqui.
Não havia necessidade de
ir a nenhum outro lugar.
Nada era proibido.
Nada era obrigatório.
Nada estava faltando.
O simples fato de estar aqui
já era uma satisfação em si.

Noriko Morishita

3

A ARTE JAPONESA DO CHÁ

Não poderia encerrar esta primeira parte do livro, sem falar sobre a arte japonesa do chá. A inclusão desse tema se dá pela convicção de que podemos extrair lições valiosas dessa antiga tradição que honra a terra e nos motiva a cultivar uma consciência genuína nas atividades mais simples do cotidiano, o que, em última análise, é uma bela lição do chá para todos nós.

No Japão, a Cerimônia do Chá, conhecida como *Chanoyu*, é quase tão antiga quanto o uso da própria bebida e tem sido vista como um auxílio à meditação desde que apareceu pela primeira vez, nos antigos ensinamentos do Zen Budismo.

Originalmente, essa cerimônia era usada pelos samurais, os grandes guerreiros japoneses, para se distanciarem do calor da batalha e do conflito e encontrarem paz no momento. Os guerreiros tiravam suas armaduras e entravam nas pequenas Casas de Chá em um estado de retiro e vazio.

Posteriormente, a Cerimônia do Chá tornou-se parte da cultura dominante e ainda é até hoje; continuando a incorporar os ideais Zen de simplicidade, tranquilidade e harmonia. Nas visitas às pequenas Casas de Chá, é costume retirar os sapatos e lavar as mãos antes de entrar no local propriamente dito. A primeira coisa que se vê ao entrar é um pergaminho pendurado, que geralmente traz uma única linha ou palavra de caligrafia da literatura Zen. Isso é escolhido com muito cuidado, para refletir o clima e a intenção de uma cerimônia específica.

Quando a anfitriã entra, ela se ajoelha para preparar o chá, o que é feito em silêncio. O chá verde, grosso ou fino, é preparado em tigelas especiais e batido até formar uma espuma com um pequeno batedor de bambu rachado, antes de ser entregue aos convidados.

Essas tradições do chá podem ser estudadas em várias escolas em todo o Japão, e muitas pessoas se tornam devotas dessa arte por toda a vida. Nós também podemos aprender muito com isso, especialmente no que se refere a encontrar beleza nos menores e mais simples momentos. Beber nosso chá com verdadeiro cuidado e atenção nos eleva a um estado de graça, paz e tranquilidade.

Lições do Chanoyu

Obviamente, a Cerimônia do Chá japonesa é algo que muitas pessoas passarão anos estudando, pois a "Arte do Chá", como é chamada por lá, é considerada um presente sagrado, um chamado, uma oportunidade. Entretanto, reuni algumas reflexões sobre as crenças e os significados por trás do *Chanoyu* que, espero eu, possam servir de guia e inspiração.

- Preste atenção a tudo.
- Viva o momento, o agora. Não há nada no depois.
- Se algo der errado, você nem sempre precisa saber o motivo. Esteja disposto a permitir a confusão e o incômodo.
- A simplicidade requer prática e atenção.
- Escolha em que concentrar sua energia hoje.
- O tempo e a paciência são nossos maiores dons e professores. Para alcançar o verdadeiro vazio e a liberdade, é preciso eliminar as preocupações e as dúvidas. Cometer erros é inevitável; eles podem ser o início de algo novo e belo. Ouça a voz que lhe diz que este é o momento, é aqui que está a mágica.
- Todo dia é um presente. (Esta é uma citação direta do belo livro de Noriko Morishita, *The Wisdom of Tea*).

Parte 2

Um Chá de Ervas

Fazer chá é um ritual que impede que o mundo caia sobre você.

Jonathan Stroud

4

PREPARANDO A XÍCARA DE CHÁ PERFEITA

"Uma colher para cada convidado e uma colher para o bule". Foi assim que minha mãe me ensinou a fazer chá quando eu era pequena. Ela enxaguava o bule com água quente, acrescentava o chá solto (ou o número equivalente de saquinhos de chá) e enchia o bule com água fervente. Depois deixava o chá repousar por pelo menos quinze minutos antes de coar, se necessário, e o despejava em xícaras. Minha mãe gostava do chá forte, mas aprendi com o passar dos anos que alguns chás, especialmente os mais leves, ficam mais saborosos com um tempo de infusão mais curto, não mais do que cinco minutos. Uma infusão mais longa pode deixar esses chás amargos ou estufados.

E quanto ao leite, creme de leite e açúcar? Tradicionalmente, os chás mais leves e com aroma de flores não têm adição de leite ou creme, embora possam ser adoçados com mel, açúcar ou estévia. Durante a minha infância e adolescência, o meu favorito era o "chá russo", servido em lindas canecas altas de vidro em suportes de prata, sempre com algumas fatias finas de limão por cima. Até hoje, basta eu sentir o aroma desse chá para ser transportada de volta às tardes ensolaradas da infância.

Os chás mais escuros costumam ser consumidos com leite ou creme de leite, mas devo mencionar que, durante o período em que trabalhei em uma Casa de Chá no Reino Unido, qualquer pedido de leite quente com chá era recebido com desdém. O leite quente abafa o sabor do chá, portanto, o ideal seria usar o leite frio (mas não direto da geladeira). Algumas pessoas preferem evitar laticínios, portanto, obviamente, leites de nozes, leite de soja e similares podem ser substitutos. Em algumas partes da Índia e do Oriente, onde gostam de chá muito, muito doce, o leite condensado é frequentemente adicionado ao chá junto a várias especiarias. Um amigo meu que passou alguns anos morando na Índia me disse que no início era um gosto adquirido, mas que acabou se tornando bastante viciante, especialmente como bebida para acordar pela manhã. Não discutiremos as tradições tibetanas do chá, que incluem a adição de algumas colheres de manteiga de iaque rançosa ao chá, pois é improvável que muitos de nós tenham alguns iaques no quintal!

O chá gelado há muito tempo é uma bebida bastante popular nos Estados Unidos e em partes da Europa, embora este hábito esteja começando a se popularizar em outras partes do mundo. Adoro a versatilidade do chá gelado, que o torna uma bebida bonita e festiva para festas ao ar livre, churrascos e piqueniques. Basicamente, o chá gelado é feito dobrando-se a quantidade normal de chá usado (verde, preto ou de ervas) e, em seguida, preparando-o da maneira usual. Em seguida, é despejado em uma jarra e diluído com água, suco de frutas ou outro líquido, e mantido resfriado até pouco antes de ser servido, quando são adicionados cubos de gelo e também quaisquer enfeites frescos, como flores, ervas cortadas ou fatias de limão e outras frutas. A adição de álcool, como rum ou Southern Comfort, transforma esta bebida em um coquetel de chá gelado, uma ótima opção para comemorações especiais.

Água para Chá

Às vezes me perguntam que tipo de água é melhor para fazer chá. Bem, a resposta simples é a água mais pura e crua possível, algo que eu sei que nem sempre é fácil de encontrar, dependendo de onde você mora. Por exemplo, moro em uma área onde a qualidade da água é irregular, muitas vezes, duvidosa, para dizer o mínimo, e a água é tratada com produtos químicos, o que lhe confere sabor e aroma pouco agradável. Eu costumava fazer chá usando água da chuva de um tanque, mas hoje em dia isso também pode ser problemático, devido a questões da poluição atmosférica, da poluição ambiental e assim por diante. Águas de nascente, minerais ou destiladas são as melhores e mais seguras alternativas e geralmente são fáceis de obter. Se a única água não engarrafada que puder usar for de qualidade duvidosa ou insegura, sugiro fervê-la previamente antes de aquecê-la para o chá.

Você também pode purificar energéticamente a água usando magia, comece colocando um recipiente com água limpa em um local seguro e sem perturbações sob a Lua cheia. Deixe-a lá por várias horas ou, se for possível, durante a noite para obter o efeito máximo. Coe e beba toda a magia dessa *Água Lunar*!

A *Água Solar* pode ser feita da mesma forma, colocando um recipiente de água sob o sol ao meio-dia e deixando lá por várias horas. Entretanto, deve-se ressaltar que isso não torna a água duvidosa em água adequada para beber, utilize água mineral ou previamente filtrada para esses processos de energização mágica.

Utensílios para Chá

Não é necessário ter muitas louças sofisticadas e outros acessórios para a sua jornada com o chá – esta bebida fica tão boa em canecas quanto em belas xícaras de porcelana! Mas há alguns preceitos básicos que ajudam a tornar sua experiência com o chá a melhor possível. Em primeiro lugar, use porcelana, vidro ou cerâmica para seu bule. Bules de alumínio ou estanho mais baratos não são ideais e podem liberar substâncias químicas indesejáveis no chá. Isso também se aplica aos jarros para leite ou creme e também aos açucareiros, se você os utilizar.

Na minha opinião, fazer chá em um bule – embora às vezes seja menos prático do que usar saquinhos de chá para cada xícara – é simplesmente mágico! Há algo no formato redondo que é muito atraente e nos remete à tradição e ao conforto. Os bules também são práticos, pois permitem que o vapor seja retido, o que, por sua vez, resulta em uma infusão mais forte e curativa, além de facilitar o despejo do líquido quente (com cuidado). O chá também retém bem o calor em um bule, especialmente se você tiver um daqueles bules bonitos de tricô ou crochê – tenho vários tricotados pela minha tia-avó e pela minha mãe ao longo dos anos e, embora possam parecer retrô e um pouco exagerados, eu os adoro!

O bule também nos incentiva a nos reunirmos e criarmos um círculo de comunidade e compartilhamento enquanto esperamos para tomar o chá; essa é uma característica da cerimônia do chá japonesa, que foi discutida anteriormente. Adoro o que a autora Brittany Wood Nickerson diz sobre os bules em seu livro *Recipes from the Herbalist's Kitchen*: "O bule nos ensina a compartilhar... cada um de nós pode ter sua própria caneca, mas nosso chá vem do mesmo bule".

Xícaras de chá – bem, por onde começar? Confesso que tenho um grande amor por xícaras de chá florais bonitas e adquiri (e quebrei!) um bom número delas ao longo dos anos. De alguma forma, gosto da experiência de tomar um chá delicado de flores ou ervas em uma xícara delicada e colorida, mas isso certamente não é um pré-requisito. O chá verde tem aparência e sabor particularmente bonitos quando servido em tigelas de chá tradicionais feitas de cerâmica esmaltada de cores suaves, sem alças ou pires. Colocamos nossas mãos ao redor da tigela quente e permitimos que esse calor flua através de nós, corpo e espírito, assim como o chá que bebemos.

E tem também as canecas – todos os tipos de canecas: porcelana, cerâmica, vidro... uma alternativa muito prática e viável para a magia cotidiana do chá.

Mas primeiro precisamos nos lembrar de purificar e abençoar esses utensílios regularmente (como de fato precisamos fazer com todos os nossos utensílios mágicos de cozinha). Para fazer uma mistura simples de purificação e bênção, combine uma canela em pau quebrada, cinco cravos-da-índia, uma colher de sopa de folhas frescas de alecrim e hortelã (ou uma colher de chá de cada erva seca), um pouco de raspas de limão fresco ralado e uma colher de sopa de sal marinho. Despeje uma xícara de água fervente sobre os ingredientes e mexa o líquido lentamente e com cuidado no sentido anti-horário para ajudar a remover quaisquer forças ou espíritos prejudiciais ou negativos.

Despeje um pouco do líquido coado e resfriado nas xícaras, no bule ou em outros utensílios que deseja abençoar, gire o líquido com o dedo e diga o seguinte:

Limpe, abençoe e proteja esta xícara de chá com poder e graça.
Que todos que beberem dela sejam sempre preenchidos com esperança,
beleza e cura em todas as coisas e de todas as formas.
Abençoado seja. E assim é!

Você também pode borrifar levemente qualquer resquício de líquido nos cantos e nas superfícies de trabalho de sua cozinha para proteção adicional – além disso, o cheiro é agradável e fresco!

E, acima de tudo, observe com olhos brilhantes o mundo inteiro ao seu redor, pois os maiores segredos estão sempre escondidos nos lugares mais improváveis.

Roald Dahl

5

Mantendo um Diário de Chás de Ervas

Sou uma grande defensora da manutenção de diários. Eles servem como um ponto de encontro para nossos pensamentos, ideias e experiências e podem ajudar a trazer clareza e percepção para nossos dias. Talvez você já tenha um diário de ervas ou de cozinha ou um livro para registrar suas experiências com o simples encanto de sua vida cotidiana: neste caso, pode optar por simplesmente adicionar quaisquer pensamentos, descobertas e experimentos feitos em sua jornada com o chá de ervas a esse livro já existente.

Como alternativa, poderá optar, como eu faço, por manter um pequeno e belo diário apenas para a magia do chá. Bem, para ser sincera, ele começou lindo e impecável, mas com o passar do tempo, ficou um pouco danificado, manchado e desgastado, mas tudo bem. A vida não é perfeita e nunca será –, trata-se de aprender, experimentar e crescer, especialmente quando seguimos um caminho verde de magia herbal e culinária.

Em geral, acho mais fácil focar em um tópico em um diário e adicionar qualquer material (fotos, recortes, receitas, citações) específicos a esse tópico. Desta forma, nossos diários podem se tornar informativos, úteis e também profundamente pessoais, uma fonte contínua de alegria e inspiração.

Há muitas receitas neste livro, chás de ervas de todos os tipos e guloseimas deliciosas para servir com eles, mas à medida que avança, sem dúvida começará a criar suas próprias misturas com base em como está se sentindo naquele momento – emocional, mental ou fisicamente – ou quando uma situação específica exigir. Além disso, a realidade é que muitas vezes descobriremos que não temos disponível a erva ou a planta específica de que precisamos para aquela receita ou não conseguimos encontrá-la em um local próximo. Isso não significa que devemos deixar de lado a receita; significa apenas que devemos pensar de forma um pouco mais criativa. Por exemplo, se não tiver erva-cidreira imediatamente disponível, há outras ervas que oferecem as mesmas propriedades de limpeza e refrescância, como hortelã, tomilho-limão e hissopo de anis. Seu diário de chá de ervas é o lugar perfeito para registrar mudanças e experimentos criativos.

Em última análise, a jornada do chá de ervas é muito pessoal. Sua intuição será sua maior aliada na escolha do que usar nas misturas de chá, dependendo das necessidades pessoais ou das pessoas para as quais está preparando o chá. Uma receita é simplesmente um ponto de partida, nada mais. Portanto, à medida que você aprende mais e se aprofunda nessas artes verdes, é muito útil manter um registro do que, quando e como uma determinada erva ou planta foi usada, seja para fins mágicos ou medicinais. Obviamente, também é muito importante anotar quaisquer problemas que possam ter surgido ou contraindicações de uso. Mesmo que algo pareça não se aplicar ao seu caso (por exemplo, se você não estiver grávida), anote tudo mesmo assim. Conhecimento é sabedoria e poder.

Reflita também sobre quaisquer experiências ou cerimônias de chá que possa ter criado ou assistido. Quem estava lá, como você se sentiu, quais percepções obteve? Este é um registro significativo de atividade mágica, espiritual e prática, tudo ao mesmo tempo.

Ao escrever e criar seu diário, estas são algumas perguntas a serem ponderadas:

- O que eu estava procurando ou o que eu esperava ganhar com essa experiência com o chá?
- Como eu me senti durante este tempo? Consegui relaxar e aproveitar o momento?
- O que aprendi sobre mim, sobre os outros ou sobre o caminho da magia verde que escolhi seguir?
- O que eu necessito neste momento? Será que posso encontrar uma nova fonte de alegria em mim, exatamente como sou?

"Viver apenas não é suficiente", disse a borboleta. "É preciso ter sol, liberdade e uma florzinha."

Hans Christian Andersen

6

A Magia Verde dos Chás

Tecnicamente, infusões de ervas, flores ou outros materiais vegetais comestíveis são mais conhecidas como chás, mas além disso, podem ser chamadas de *tisanas*, uma adorável palavra francesa que capta perfeitamente a delicadeza e o estilo dessas belas bebidas. Isso também as diferencia dos chás preto/verde feitos de folhas de *Camellia sinensis*. Em cada seção deste livro, você encontrará receitas e ideias específicas para criar suas próprias misturas de chá ou tisanas, mas estas são apenas algumas orientações básicas para você começar.

Criação de Chás, Tisanas e Misturas

Costumam me perguntar se realmente vale a pena criar nossas próprias misturas hoje em dia, quando há tantas combinações de chá comerciais por aí – e algumas delas são realmente fabulosas, devo admitir. Mas ainda acho que é uma ideia maravilhosa misturar e combinar nossas próprias ideias perfumadas de folhas, ervas e flores; ao fazer isso, criamos algo individual e especial. É claro que nem todas as misturas funcionam bem; algumas vezes fiz misturas realmente desagradáveis, tanto no aroma quanto no sabor, mas que também serviu para regar meu pequeno jardim de ervas! E se você criar uma mistura que funciona particularmente bem, não se esqueça de anotar os detalhes em seu diário de ervas ou algo semelhante para que possa fazê-la novamente.

As tisanas simples são feitas com um tipo de erva, folha ou flor, fresca ou seca. Basta adicionar duas colheres de chá de erva seca (ou um pequeno punhado de erva fresca) a uma xícara de água fervente, deixar em infusão por pelo menos 10 minutos, coar e servir. (Dependendo da erva, você pode optar por usar até uma colher de sopa da planta seca). Certifique-se sempre de que o chá esteja bem coado usando um coador de malha fina ou um infusor de bolas de chá. Você também pode fazer seus próprios sachês de chá com saquinhos vazios disponíveis no mercado ou, como um amigo meu faz, criar seus próprios sachês usando círculos grandes cortados de filtros de café. Basta colocar uma colher de sopa generosa da mistura de chá no centro do círculo, depois juntá-lo e amarrá-lo firmemente com um pedaço de barbante de algodão. Esses saquinhos de chá são um belo presente, colocados em um frasco de vidro decorativo com um rótulo detalhando o conteúdo e as propriedades curativas do chá.

Você perceberá e apreciará rapidamente a diferença entre os chás feitos com ervas frescas e secas. Os chás feitos com ervas frescas geralmente são de cor clara e altamente aromáticos, com um sabor delicado e sutil. Os chás feitos com ervas secas costumam ter cor mais escura e sabor mais intenso, além de serem mais ricos em minerais e vitaminas do que os chás frescos – isso é resultado do processo de secagem, durante o qual as paredes celulares da planta se rompem, o que significa que a água usada para fazer o chá pode extrair mais nutrientes da erva.

As infusões frias são outra alternativa ao preparar chás de ervas e tisanas e podem ser muito úteis, especialmente se estiver na estrada, viajando ou no verão, quando bebidas mais frescas são mais atraentes. Eles não são a mesma coisa que chás gelados. Basicamente, você prepara um chá de ervas ou uma tisana da maneira usual, mas deve usar um pote de vidro ou uma jarra pequena com tampa. Coloque a mistura de ervas escolhida no fundo da jarra. Em seguida, despeje água quente suficiente para enchê-la. Feche bem a tampa e deixe a mistura em infusão em um local escuro e fresco durante a noite ou na geladeira, se o tempo estiver muito quente. Pela manhã, coe bem o líquido e depois leve-o à geladeira ou coloque-o em um recipiente adequado para levá-lo consigo.

Beber essas infusões frias é outra maneira mágica de aproveitar a própria força vital de nossa terra e nos dar uma nova sensação de nutrição, vitalidade e alegria. A maioria das receitas apresentadas neste livro também funciona como infusões frias, mas em geral, acho que elas funcionam melhor quando são feitas com ervas e outras plantas frescas ou colhidas na natureza.

Ao fazer misturas de chás, você pode basicamente usar as proporções que mais lhe agradam, especialmente se estiver adicionando ervas ou flores aos chás preto ou verde. No entanto, é melhor agir com cautela no início e não adicionar uma quantidade excessiva de uma única erva, pois algumas plantas têm sabor muito acentuado e podem ser muito fortes se não forem usadas criteriosamente, como o alecrim e a sálvia, por exemplo. Experimente até encontrar uma mistura que seja agradável e prazerosa tanto para o nariz quanto para o paladar. Embora muitos chás de ervas disponíveis atualmente incluam um grande número de ervas e plantas diferentes, em geral, prefiro usar não mais do que quatro ou cinco ervas, flores e especiarias em uma determinada mistura. Caso contrário, acho que o sabor às vezes pode se tornar um pouco confuso e indigesto. Entretanto, isso é uma questão de escolha pessoal – faça o que for melhor para você!

Todas as misturas de ervas para chá devem ser armazenadas em frascos de vidro, cerâmica ou metal, com tampas herméticas, e mantidas em um local fresco e escuro. Isso se aplica tanto às misturas de folhas soltas quanto às preparadas em saquinhos de chá. Em geral, as ervas secas têm um prazo de validade de seis meses a um ano; depois deste período, a mistura terá perdido parte de sua potência e sabor e deverá ser substituída.

Quanto às especiarias, que também são usadas em muitas misturas de chá maravilhosas, obviamente, como regra, você terá de comprá-las inteiras ou moídas. Em geral, prefiro usar especiarias inteiras e moê-las em um almofariz e pilão ou em um pequeno moedor de especiarias imediatamente antes do uso. Desta forma, o sabor fica mais intenso e fresco, pois os óleos voláteis são liberados. No entanto, às vezes é mais prático comprar especiarias moídas; desde que sejam armazenadas em recipientes bem fechados em um local fresco e escuro, elas podem ter uma vida útil muito boa, de até dois anos. Sempre cheire suas especiarias antes de usá-las; se elas não emitirem mais um aroma definido, provavelmente chegou a hora de substituí-las!

Se estiver adicionando especiarias moídas a uma mistura de chá, certifique-se sempre de que a especiaria seca esteja muito bem misturada e também que o chá seja bem mexido antes de ser servido, pois às vezes as especiarias podem formar pequenos grumos desagradáveis na caneca.

Lembre-se também de guardar as ervas, flores e outros materiais vegetais usados que sobraram da preparação do chá e devolvê-los à terra – espalhe-os ao redor da base de uma árvore ou sobre canteiros de flores, por exemplo. No entanto, se a mistura de chá incluir especiarias grandes e inteiras, elas devem ser descartadas, pois podem ser potencialmente perigosas para pequenos pássaros e outras criaturas pequenas que tentarem consumi-las. Aprendi isso da maneira mais difícil quando vi um pássaro quase se engasgar com uma vagem de anis-estrelado que eu havia descartado descuidadamente no jardim!

Algumas observações sobre as receitas de chá de ervas neste livro: você encontrará algumas receitas específicas em cada capítulo de Cerimônia do Chá, relacionadas ao tema e à intenção daquele chá em particular. Muitas dessas misturas são feitas com ervas secas e outras adições, como raspas de frutas cítricas, chás preto ou verde e assim por diante. Em alguns casos, as quantidades da receita são suficientes para uma única xícara de chá, mas se preferir, não há nada que o impeça de aumentar as quantidades proporcionalmente para fazer uma quantidade maior da mistura. Da mesma forma, quando a receita for para uma quantidade maior, basta reduzi-la proporcionalmente para torná-la mais adequada às suas necessidades. Algumas receitas são dadas em partes, em vez de quantidades específicas, essa é uma maneira fácil de ajustar a quantidade de mistura de chá que você cria.

Precauções e Dosagens para o uso de Chás

O que é considerado uma dose terapêutica de chá de ervas? Esta é outra pergunta que me fazem com frequência e minha resposta costuma ser: "isso é uma questão de tentativa e erro pessoal. *Menos é mais* sempre é uma boa regra". Em geral, nada ingerido em excesso é útil, e isso inclui remédios naturais de todos os tipos. Da mesma maneira que não tomamos vinte aspirinas por dia, o consumo de dez xícaras de chá de ervas também não seria sensato. Sempre acho que começar com apenas uma xícara, de manhã ou à noite, é um bom plano. Observe como você se sente. Verifique o seu corpo. Você se sente melhor, mais relaxado, mais energizado, menos inchado? Então, provavelmente é seguro dizer que pode continuar a usar este ou aquele chá de ervas ou mistura específica. Nosso corpo é sempre o nosso maior professor e, como cada um de nós é um ser totalmente único, o que funciona para mim pode não funcionar para você e vice-versa.

Obviamente, qualquer efeito colateral indesejado imediato (como náusea ou dor de estômago) é um sinal claro para interromper o uso dessa erva ou mistura de chá específica. É um fato lamentável que algumas ervas e outras plantas usadas em chás terapêuticos tenham um gosto estranho, amargo ou de "meias velhas"! Às vezes, isso pode ser superado com a adição de mel ou outro adoçante ou com a incorporação de ervas mais perfumadas, como lavanda ou erva-cidreira, à mistura. No entanto, costumo trabalhar com a crença de que se você realmente não gosta do sabor de algo e isso faz com que se sinta mal, no final das contas não vai lhe fazer bem!

Como dito anteriormente, a maioria das ervas e flores comestíveis é perfeitamente segura para consumo em quantidades culinárias, o que inclui tomá-las como chás; no entanto, se estiver grávida ou amamentando, ou se tiver algum problema de saúde que exija medicação contínua, é uma boa ideia consultar seus médicos primeiro. No capítulo 25, há uma listagem contendo algumas ervas e plantas usadas em preparos e misturas de chás, com informações sobre quaisquer contraindicações para o uso de cada planta específica.

Talvez você tenha de comprar algumas flores e ervas, pois, obviamente, é improvável que consiga cultivar tudo o que precisa. Se tiver a sorte de ter alguns mercados de produtores maravilhosos em sua região, como é o meu caso, isso deve ser fácil e também uma boa maneira de aprender e compartilhar um pouco mais de magia verde. Com relação às flores, não use as que são cultivadas para fins comerciais, a menos que tenha a certeza de como foram cultivadas e quais sprays ou inseticidas foram usados nelas, se houver.

Coleta de Plantas para Chás

Talvez você queira procurar algumas ervas e plantas adequadas para chá, e essa é realmente uma maneira mágica de encontrar e se conectar com suas favoritas. Entretanto, há algumas regras de bom senso a serem seguidas ao fazer isso!

- Em primeiro lugar, certifique-se de saber qual planta está colhendo – muitas plantas são muito parecidas, mas uma pode ser curativa, enquanto a outra pode ser terrivelmente venenosa! Invista em um bom guia de plantas silvestres de uma determinada área.

- Certifique-se de ter permissão para forragear/coletar plantas em um determinado local – geralmente há regras sobre o que pode ser coletado na natureza e onde; obviamente você não quer ser pego invadindo terras particulares.

- Não colha plantas de áreas claramente poluídas, próximas a estradas e rodovias movimentadas, ao lado de corpos d'água estagnados ou contaminados, ou em áreas de indústria pesada.
- Nunca pegue uma quantidade excessiva de uma planta, no máximo um terço. E nunca arranque uma planta pela raiz, a menos que esteja planejando usar a raiz.
- Se estiver coletando alimentos na natureza, tome as precauções normais de segurança em relação ao clima e a outros possíveis problemas que possam surgir. Se estiver sozinha, certifique-se de que alguém saiba onde você está e que possa pedir ajuda pelo telefone, se necessário.

Remédios Simples à Base de Chás para Doenças Comuns

Observe que esta lista é apenas um esboço muito básico; ela não substitui a orientação médica adequada em nenhum nível, principalmente se você sofrer de alguma doença crônica, estiver tomando medicamentos prescritos, estiver grávida ou amamentando. Além disso, consulte um médico antes de dar remédios fitoterápicos, inclusive chás, a crianças com menos de cinco anos de idade.

- **Depressão, ansiedade e estresse:** lavanda, alecrim, escutelária (chapéu-de-couro, calota craniana), verbena, gerânio, jasmim, erva-cidreira, erva-de-são-joão, camomila, manjericão.
- **Dores de cabeça:** matricária, lavanda, valeriana, escutelária (chapéu-de-couro, calota craniana), gengibre, catnip (erva-gateira).
- **Eczema causado por estresse e tensão nervosa:** urtiga, gerânio, dente-de-leão, borragem, camomila.
- **Febre do feno:** hissopo, lavanda, tomilho, bergamota, camomila, flor de sabugueiro.

- **Insônia:** lúpulo, camomila, tília, catnip (erva-gateira), artemísia, papoula da Califórnia, passiflora, tomilho.
- **Músculos e articulações:** bardana, gengibre, urtiga, orégano, milefólio (mil-folhas ou mil-em-ramas).
- **Náusea e vômito:** manjericão, gengibre, hortelã-pimenta, bergamota, erva-cidreira, rooibos, cúrcuma.
- **Problemas cardíacos e circulatórios:** (sempre devem ser diagnosticados e tratados por profissionais da saúde!) dente-de-leão, agripalma (erva-mãe ou bálsamo-do-coração), prímula, erva-cidreira, sementes de linhaça.
- **Problemas digestivos:** hortelã-pimenta, semente de erva-doce, cominho, endro, verbena-limão, erva-cidreira, bergamota, canela.
- **Problemas menstruais:** calêndula, sálvia, artemísia, milefólio (mil-folhas ou mil-em-ramas), camomila, gerânio, orégano, trevo, salsa, borragem.
- **Problemas renais e urinários:** erva-doce, cardamomo, milefólio (mil-folhas ou mil-em-ramas), dente-de-leão, folhas de amora, urtiga.
- **Resfriados e febres:** flor de sabugueiro, hortelã, milefólio (mil-folhas ou mil-em-ramas), camomila, eucalipto, gengibre, rooibos, equinácea, bergamota, chá verde.
- **Reumatismo/artrite:** gengibre, urtiga, tomilho, gotu kola (Centella asiatica), catnip (erva-gateira), confrei, alecrim.
- **Sinusite:** manjericão, flor de sabugueiro, manjerona, hortelã-pimenta.
- **Tônicos para a saúde e o bem-estar geral:** borragem, centáurea, salsa, urtiga, tomilho, equinácea, manjericão, chá verde, rooibos.

Devemos nos deitar vazios,
abertos, sem escolhas.
Como uma praia – esperando
por um presente do mar...

Anne Morrow Lindbergh

7

CHÁS NA CRIAÇÃO DE RITUAIS E CERIMÔNIAS PESSOAIS

Geralmente, planejamos e criamos cerimônias em torno de eventos e estações especiais de nossa vida, mas toda e qualquer hora do chá, por mais simples que seja, pode ser uma celebração de paz e alegria. A hora do chá serve como um portal que nos leva a um modo de ser mais calmo e reflexivo; isso é particularmente importante em épocas de mudanças ou dificuldades, pois, ao lembrarmos de nossa própria magia e força inatas, conseguimos vislumbrar um caminho mais claro para o futuro. Além disso, é simplesmente divertido compartilhar e aproveitar o momento como ele é, como nós somos! Acredito firmemente que, ao abordarmos até mesmo os momentos mais simples ou rotineiros de nossa vida com foco e reverência, criamos um efeito cascata de beleza e encantamento que, em última análise, leva a um bem maior em todas as coisas.

Nestes tempos, que podem ser fragmentados, estressantes e confusos, precisamos mais do que nunca de rituais diários, pois eles têm a capacidade universal de nos fundamentar e acalmar, independentemente de quem somos ou de onde vivemos.

Toda vez que preparamos e bebemos uma xícara de chá, estabelecemos um ritual simples que desperta todos os nossos sentidos, independentemente do local que nos encontramos, da nossa situação ou como estamos nos sentindo, podemos usar este momento para suavizar e acalmar nosso corpo e mente e nos conscientizarmos da magia infinita que existe nos momentos mais simples. Quando levamos a xícara aos lábios para o primeiro gole, atravessamos a porta de entrada para um novo reino de consciência tranquila. Podemos fazer uma pausa e considerar o que queremos tirar desses momentos de paz e refletir sobre as diferentes escolhas que talvez seja necessário fazer em nossa vida. Se estivermos usando uma mistura de chá associada a alguma emoção específica ou a outro problema, este é o momento de refletir calmamente sobre isso também e permitir que nossas emoções fluam naturalmente.

No entanto, seja qual for a sua intenção com uma hora do chá em particular, esteja você sozinha ou compartilhando com outras pessoas, aqui estão algumas ideias adicionais para criar cerimônias memoráveis e mágicas. A etapa inicial é se concentrar naquilo que você precisa criar, honrar ou tirar dessa cerimônia, individualmente ou em grupo. A intenção é uma parte importante de qualquer ritual e dá a ele significado e substância. Talvez a intenção seja apenas relaxar e desfrutar da companhia uns dos outros, o que também é ótimo!

Em seguida, vem a cerimônia ou o ritual propriamente dito; você encontrará mais algumas ideias para rituais específicos de chá mais adiante no livro. O ideal é que permaneçam presentes, abertos e relaxados enquanto tomam seu chá e desfrutam o momento.

Primeiro, reúna seus itens para o chá (xícaras, bule, saquinhos de chá, alimentos que serão servidos e assim por diante). Arrume-os em uma mesa ou outra superfície adequada. Acenda um incenso ou vela perfumada – sugiro lavanda (para energias pacíficas e amorosas), sálvia (para limpeza e proteção do espaço) ou alecrim (para cura, clareza de pensamento e comunicação saudável).

Além disso, costumo adicionar cristais à mesa de chá que sejam apropriados para o tema e a intenção da cerimônia. Observe que os cristais não devem ser adicionados a chás ou outros líquidos,

pois alguns podem se dissolver ou liberar substâncias químicas nocivas na água. Eles devem ser colocados ao redor das xícaras de chá ou em qualquer superfície adequada.

- **Ametista**: cria uma atmosfera calma e relaxante, autoconhecimento e sabedoria.
- **Citrino**: para definir intenções, confiança e amizade.
- **Pedra da lua**: essa bela pedra tem um nome apropriado, pois está associada às energias lunares de cura, intuição e magia.
- **Quartzo-rosa**: amor, paz e lembrança daqueles que se foram.
- **Quartzo-transparente**: adequado para todas as cerimônias e ocasiões e é particularmente útil para trabalho energético e clareza de propósito.
- **Turquesa**: para cura e coragem.

Além das ideias de incenso apresentadas, os óleos essenciais também contribuem para o espírito e o encantamento da ocasião e podem ser adicionados a queimadores de óleo ou difusores. Os óleos cítricos, como limão ou bergamota, criam uma vibração alegre e brilhante, enquanto o gerânio rosa é relaxante e edificante para reuniões alegres. Novamente, observe que os óleos essenciais não devem ser ingeridos e não devem ser adicionados a nenhuma bebida.

Para um ritual de chá simples, sozinha ou em grupo, aterre-se colocando os pés no chão (ou na terra, se estiver ao ar livre) e mantenha os braços acima da cabeça. Gradualmente, sinta um raio de luz brilhante se movendo do topo de sua cabeça para baixo, passando pelo seu corpo e chegando à terra abaixo. Diga as seguintes palavras:

Este tempo é sagrado – um tempo à parte,
um tempo de cura e harmonia.
Que eu possa experimentar sua alegria e paz
e levar isso adiante hoje e em todos os dias que virão.
Que as bênçãos sejam para todos, e assim será!

Se você ou outras pessoas tiverem intenções específicas para este momento, ou pessoas que desejam lembrar e honrar, esta é uma oportunidade para falar e compartilhar esses sentimentos.

Para um ritual mais profundo, você pode optar por criar um Círculo Mágico de segurança e conexão. Comece com o aterramento e a centralização de suas energias, sozinha ou como parte do grupo.

De pé, com os braços estendidos e as palmas das mãos abertas e voltadas para baixo, vire-se primeiro para o Leste e diga:

Ar, nós o honramos. Proteja e guie nossa respiração e nosso ser.
Permita-nos voar alto e encontrar nossas verdadeiras asas.

Em seguida, vire-se para o Sul e diga:

Fogo, você traz luz e transformação para nós e para o nosso mundo.
Ajude-nos a queimar o que é passado, o que não nos serve mais, e nos
dê coragem para nos erguermos em um novo e brilhante amanhecer.

Em seguida, vire-se para o Oeste e diga:

Água, permita que sua sabedoria flua através de nós,
enchendo-nos com sua energia sagrada e curativa.
Precisamos de seu mistério, sua profundidade e
sua compaixão para curar nosso mundo e a nós mesmos.

Em seguida, vire-se para o Norte e diga:

Terra, você é nosso lar, nossa mãe, nossa maior professora. Sem você,
nada somos. Que possamos realmente crescer e florescer como parte de
sua teia verde de vida, cura e proteção para todos os seres.

Termine este círculo de abertura com as seguintes palavras:

Que este ritual e este círculo atraiam
todos para o que é sagrado, o que é abençoado.
Que nossos corações estejam abertos para o amor,
a magia e as dádivas que compartilhamos nestes momentos.
Abençoado seja. E assim é!

Ao preparar e servir o chá, mexa-o suavemente três vezes (o número mágico!) no sentido horário: isso infundirá a bebida com energias positivas, como saúde, alegria e prosperidade. Se precisar de proteção contra forças ou energias negativas que parecem estar causando um impacto prejudicial à saúde em sua vida, você pode seguir esse procedimento mexendo o chá lentamente três vezes no sentido anti-horário. Todos os presentes no ritual devem respirar lentamente e contar até dez antes de começar a beber o chá.

Após a Cerimônia do Chá, feche o Círculo virando-se na direção oposta e agradecendo a cada um dos espíritos por estar presente. Em seguida, abaixe os braços e vire as palmas das mãos para baixo como um sinal de que a cerimônia foi concluída.

Finalmente, é sempre bom reconhecer o que acabou de apreciar e compartilhar, individualmente ou em conjunto – o que foi aprendido nesses momentos, quais emoções surgiram, o que foi compartilhado? Se velas ou incensos tiverem sido acesos, pode apagá-los agora, com cautela e cuidadosamente, enquanto faz uma oração simples ou oferece algumas intenções específicas.

Proposta Básica de Rituais e Invocações

Todo dia temos algo para comemorar, algo para lembrar e, possivelmente, algo que precisamos trabalhar em um nível emocional ou físico. Podemos usar a mais simples Cerimônia do Chá como um portal para encontrar maior equilíbrio e alegria – essa é a magia do chá, que está contida não apenas em suas propriedades saudáveis, mas no fato de que, parar para tomar o chá de maneira consciente muda nosso foco de forma mágica e profunda. Ao bebermos o líquido, estamos sendo preenchidos com sua magia, por dentro e por fora.

Para um ritual de chá simples, prepare a xícara de chá de sua preferência e fique em pé ou sentado em silêncio por alguns ins-tantes. Mexa o chá três vezes no sentido anti-horário para remover qualquer negatividade que possa estar à espreita e, em seguida, três vezes no sentido horário para convidar energias positivas e mágicas para sua vida.

Ansiedade e situações estressantes de qualquer tipo: tudo ficará bem – nisso eu confio, pois convido os espíritos da esperança e da confiança; estou em paz, calma e segura, e assim permanecerei.

- **Chás:** rosa, lavanda, camomila, alecrim.

Quando estamos ansiosos em relação ao amor ou sentimos falta de amor em nossa vida: o amor está no coração do meu ser e, portanto, nunca estou sem ele, mesmo quando me sinto sozinha; o amor está lá e se manifestará na hora e na estação certas.

- **Chás:** erva-cidreira, rosa, gerânio, jasmim, baunilha, folha de framboesa, chás brancos.

Quando estiver enfrentando uma grande decisão e precisar de clareza e orientação, feche os olhos e diga: meu coração e minha mente estão abertos enquanto encontro a sabedoria que preciso para tomar decisões fortes e saudáveis.

- **Chás:** sálvia, centáurea, hortelã-pimenta, rooibos, limão.

Quando tiver problemas financeiros e carências em sua vida, diga: sei que sou abundante em todos os aspectos da minha vida, mesmo que eu sinta medo neste momento; o que preciso sempre virá a mim na hora certa. Eu agora escolho a esperança e a alegria em vez do medo.

- **Chás:** tomilho, canela, chás verdes.

Você já foi selvagem aqui.
Não deixe que o domínem.

Isadora Duncan

8

Criando seu Jardim de Ervas

Não tenho a intenção aqui de fazer um guia detalhado sobre o cultivo de ervas – o espaço não permite! Se estiver começando um jardim do zero, sugiro que compre um bom livro básico de jardinagem, de preferência um que se aplique à sua região geográfica. Entretanto, se estiver aprimorando seu jardim de ervas, aqui estão algumas ideias.

Começando Devagar

Para um primeiro jardim de ervas, comece aos poucos, mantendo-o simples. As ervas são infinitamente interessantes e variadas e é possível se deixar levar e plantar muitas de uma só vez! Eu sugeriria não mais do que 10 a 12 ervas no início, por sorte, a maioria delas também faz parte do arsenal de ervas para chá!

As plantas que sugiro são salsa, hortelã (em seu próprio vaso, é claro), alecrim, tomilho, lavanda (sempre, nenhum jardim de ervas está completo sem ela), cebolinha, manjericão, erva-cidreira, camomila, endro, borragem e gerânio perfumado. Com elas, você pode fazer todo tipo de coisas maravilhosas na cozinha e fora dela. É claro que também há muitas variedades diferentes de cada uma dessas ervas, portanto, você provavelmente encontrará rapidamente suas favoritas. Eu, por exemplo, não gostaria de ficar sem tomilho-limão ou lavanda francesa (ao contrário da variedade inglesa, mais comumente disponível).

A jardinagem é realmente uma questão de tentativa e erro – algumas plantas crescem e florescem com vontade, enquanto outras são mais temperamentais. (Posso dizer isso como alguém que passou por algumas grandes catástrofes no jardim ao longo dos anos!) Se a maioria das ervas que estiver cultivando for usada para chá ou para fins culinários, lembre-se de que uma área ensolarada é sempre a melhor; as ervas geralmente se desenvolvem ao sol e o calor realça todo o sabor dos óleos voláteis em plantas como coentro, alecrim, manjericão e tomilho.

Na França (e provavelmente em outras partes da Europa medieval), os mosteiros sempre tinham o que se chamava de "jardim do monge", situado em um local claro e ensolarado perto da porta da cozinha, de modo que o monge encarregado da cozinha só precisava sair para colher algumas ervas frescas para adicionar à refeição da noite ou a qualquer outra coisa que estivesse preparando. É uma ideia adorável, apropriada a ser imitada se você tiver espaço limitado, pois este tipo de jardim precisa ter apenas alguns metros quadrados ou redondos.

Ideias Adicionais para seu Jardim

Se você já tem um jardim de ervas, provavelmente já tem a maior parte do que precisa para um bom repertório de ervas para chá, que são plantas infinitamente versáteis e têm uma grande variedade de usos. As ervas tradicionais que geralmente escolhemos cultivar são também as mais úteis quando se trata de chá; estou pensando em lavanda, hortelã, tomilho e assim por diante. Se ainda não as tiver em seu jardim, posso sugerir o cultivo de algumas variedades de gerânios perfumados, tanto de rosas quanto de limão? Além disso, uma pequena árvore de louro, que também cresce bem em vasos grandes, assim como as variedades menores de limoeiros.

No entanto, você também precisa considerar o cultivo de capuchinhas, malmequeres, camomila, dente-de-leão (se ainda não fizerem parte do seu jardim), borragem, erva-doce, valeriana e algumas das variedades de ervas menos comuns, que podem ser extremamente úteis na criação de chás e outras misturas de ervas.

Plantas maiores a serem consideradas para seu jardim são jasmim, hibisco, verbena-limão e framboesa (que não gosta de ficar confinada a um recipiente ou vaso). As rosas são essenciais para qualquer jardim, e a variedade disponível atualmente é realmente incrível; no entanto, em termos de chás de ervas, você obviamente precisa escolher espécies altamente perfumadas que tenham um sabor maravilhoso quando frescas e que também resistam à secagem. Algumas vezes provei pétalas de rosas secas que não tinham mais nenhum sabor ou fragrância, possivelmente por terem sido secas incorretamente ou mantidas por muito tempo.

Jardins de Ervas em Espaços Pequenos

Uma das perguntas que me fazem frequentemente é sobre a criação de jardins de ervas para chá em vasos, decks, peitoris de janelas de cozinha e assim por diante. Como a maioria de nós, tenho espaço limitado em torno da minha pequena casa. Então, cultivar ervas dentro de casa é o caminho óbvio a seguir, especialmente, porque muitas ervas não são excepcionalmente grandes e crescem felizes em vasos.

Infelizmente, também é possível se tornar um notável assassino de ervas (sim, estou falando de mim mesma) se algumas regras simples e básicas não forem seguidas. As ervas são diferentes de muitas outras plantas de interior com as quais estamos familiarizados, mas, desde que se sigam algumas diretrizes básicas, será possível ter uma variedade decente de ervas para chá crescendo em sua cozinha ou em seu deck durante a maior parte do ano (dependendo de sua zona climática, é claro).

Para evitar problemas com suas plantas para chá de ervas, a primeira coisa que precisa considerar é a luz disponível em sua cozinha ou área de cultivo (ou a falta dela). A maioria das ervas precisa de luz direta para sobreviver e prosperar; isso se deve, em parte, ao fato de que muitas das ervas mais populares vêm das regiões mediterrâneas quentes e iluminadas do mundo. Coloque seus vasos de ervas em áreas ou em parapeitos de janelas onde receberão o máximo de luz – em geral, voltados para o Sul. O frio também é um fator, e a realidade é que algumas ervas provavelmente não sobreviverão a invernos rigorosos e escuros, mesmo dentro de casa (manjericão e coentro são duas dessas ervas, pois precisam de muito calor e luz solar direta e brilhante). Se o clima ficar frio, afaste os vasos das janelas à noite e mantenha-os em locais mais quentes da casa. Você também pode levar os vasos para fora durante o dia em um local protegido do sol.

Outros problemas surgem tanto da falta de água (para ervas que gostam de umidade, como o manjericão) quanto do excesso de água (para os tipos mais resistentes, como o alecrim). Em geral, porém, as ervas não gostam de ter os pés molhados, pois isso pode levar ao apodrecimento das raízes. Esse problema pode ser parcialmente resolvido garantindo que seus vasos e recipientes tenham bastante drenagem, cobrindo o fundo do vaso com pequenos seixos e pedras. Além disso, não use terra de jardim para as ervas em recipientes – elas precisam de solo leve e bem drenado, de preferência uma mistura de terra para vasos, turfa/fibra de coco e perlita.

As ervas podem ser cultivadas juntas em vasos de janela ou em recipientes maiores, e ficam muito bonitas, mas nem todas são boas companheiras! O alecrim e o tomilho, por exemplo, crescem bem juntos, mas a hortelã deve sempre ter seu próprio espaço (além do fato de que ela tende a tomar conta de tudo!). Lembre-se também de que as ervas crescem mais lentamente em ambientes fechados, portanto, colha apenas quantidades limitadas da planta de cada vez, dando-lhe tempo para se recuperar e permanecer saudável.

Ervas também podem ser cultivadas em cestos suspensos em decks e pátios, o que fica muito charmoso, mas a posição é muito importante se você for cultivar ervas nesses tipos de recipientes. As ervas não gostam de sol pleno o dia todo ou de ficarem expostas a muito vento, portanto, esteja ciente disso ao posicionar suas cestas suspensas; além disso, não as encha demais. As ervas geralmente crescem rápido e, se ficarem muito apertadas, não florescerão, mas começarão a perder força em suas folhas, que vão cair. Elas também se beneficiam do fato de serem colhidas regularmente, portanto, certifique-se de que isso seja possível com suas cestas suspensas. Algumas ervas que funcionam bem em cestas suspensas são o tomilho rasteiro, a hortelã-gato, a manjerona, algumas da família da hortelã e o alecrim prostrado (rasteiro). Muitas flores crescem bem em cestas suspensas, como capuchinhas e amor-perfeito selvagem (*heartsease*).

Como plano inicial para um jardim interno de chá de ervas – e dependendo das condições ambientais e do tamanho do recipiente – as seguintes ervas são potencialmente adequadas: hortelã, alecrim, tomilho, orégano, manjericão, erva-cidreira, salsa, coentro e sálvia.

Parte 3

Encantamentos da Bruxa do Chá

Nunca perca tempo fazendo algo importante quando há um pôr do sol lá fora, sob o qual você deveria estar sentado!

C. JoyBell C.

9

CHÁS ASTROLÓGICOS

A posição do Sol no momento de nosso nascimento é um indicativo de nossos traços gerais de personalidade. Podemos usar nossos signos astrais como sinais celestiais para orientar nosso caminho na vida.

É um pouco simplista dizer que "um tamanho serve para todos" quando se trata de signos astrológicos, pois somos todos seres altamente complexos, além do fato de que todos temos nossas próprias experiências de vida, que nos moldam para o bem ou para o mal, mas em geral, há certos traços de personalidade e modos de ser que são específicos de cada signo. Alguns deles são positivos; outros têm conotações mais negativas (pergunte a mim: sou de Escorpião e já ouvi algumas histórias estranhas sobre este signo em particular).

No entanto, nem sempre é fácil perceber a associação que cada signo tem com certas ervas, flores e plantas específicas. Podemos utilizar essas informações como parte da nossa jornada com chás de ervas, criando misturas específicas para cada um dos signos. As ideias apresentadas a seguir são apenas um breve ponto de partida: você provavelmente encontrará inspiração para fazer suas próprias misturas úteis e curativas exclusivas à medida que explorar mais este assunto. Estas misturas de chá para signos do Sol e da Lua são um presente especial e único, principalmente no aniversário da pessoa envolvida. Por que não planejar uma festa de chá astrológica específica para ela em seu dia especial?

- **Áries:** geralmente impulsivos e rápidos na tomada de decisões, os arianos podem se tornar líderes naturais e têm o desejo de trilhar seu próprio caminho independente na vida, criando novos desafios e oportunidades. No lado mais sombrio, Áries pode lutar para demonstrar ou entender as emoções e, às vezes, é insensível às necessidades dos outros. As plantas associadas a Áries incluem cravo, erva-doce, alecrim, zimbro, dente-de-leão e hortelã-pimenta.

- **Touro:** signo geralmente feliz, o Touro aprecia as coisas boas da vida e é sensual por natureza. Entretanto, pode achar difícil mudar e prefere se ater a rituais que conhece e entende. Uma lição importante para este signo é aprender a ser flexível e fluir com a vida e suas mudanças inevitáveis. As plantas para Touro incluem rosa, tomilho, catnip (erva-gateira), baunilha, maçã, violeta e hibisco.

- **Gêmeos:** as pessoas nascidas sob este signo são mentalmente ágeis e têm muitas ideias, mesmo que às vezes lutem para levá-las adiante. Bastante propensas ao estresse e à tensão, elas tendem a seguir em frente rapidamente quando as situações (ou outras pessoas) se tornam desconfortáveis para elas, assim, muitas vezes perdem oportunidades de crescimento pessoal e compreensão. Gostam de estímulos mentais e do lado mais leve da vida, mas também precisam aprender o valor do silêncio e dedicar algum tempo para colocar as ideias em ações concretas. As misturas de chá que podem ser úteis para Gêmeos incluem bergamota, lavanda, capim-limão, hortelã, salsa, espinheiro e endro.

- **Câncer:** signo geralmente sensível, carinhoso e emocional, com intuição e habilidades psíquicas bem desenvolvidas. Os cancerianos são os cuidadores do mundo, muitas vezes assumindo e tentando resolver os problemas de outras pessoas em vez de permitir que elas assumam a responsabilidade por si mesmas. Devido a essas características, os cancerianos são ao mesmo tempo amorosos e possessivos, com tendência ao mau humor e à síndrome do "coitadinho de mim". Aprender a equilibrar as emoções é uma meta importante para este signo. As plantas associadas ao signo de Câncer incluem jasmim, rosa, erva-cidreira, eucalipto e limão.

- **Leão:** assim como o seu homônimo, os leoninos são orgulhosos e fortes, às vezes um pouco extravagantes e sempre dispostos a se arriscar. Nascidos extrovertidos, são atraídos por atividades criativas de todos os tipos, mas precisam se proteger para não se tornarem egoístas ou egocêntricos. Entretanto, são ótimos em inspirar os outros e também são muito românticos e amorosos. Notas picantes e quentes são típicas das ervas e plantas de Leão, como canela, noz-moscada, laranja, calêndula, erva-de-são-joão, alecrim e zimbro.

- **Virgem:** as pessoas nascidas neste signo são práticas e metódicas, com a necessidade de ter tudo em seu lugar. Isso pode torná-las um pouco críticas ou julgadoras dos outros que não compartilham de sua natureza meticulosa, portanto, a flexibilidade é uma lição importante para elas. O lado positivo é que os virginianos também são os pacificadores e diplomatas dos signos. Geralmente, são parceiros e pais amorosos e confiáveis – embora às vezes precisem aprender a se soltar um pouco! As plantas adequadas para Virgem incluem hortelã, tomilho, bergamota, lavanda, erva-doce e verbena.

- **Libra:** os librianos são charmosos, simpáticos e geralmente sensíveis aos sentimentos dos outros, o que pode fazer com que se aproveitem deles em um nível emocional. Como amam a beleza em todas as coisas, são naturalmente criativos e gostam de tornar seu ambiente o mais atraente possível. Parceiros amorosos nos relacionamentos, eles tentam evitar a desarmonia em casa, pois isso pode levar a problemas de saúde física e relacionados ao estresse. As plantas de Libra incluem catnip (erva-gateira), manjerona, ginseng indiano ou cereja de inverno, urtiga, milefólio (mil-folhas ou mil-em-ramas), artemísia, rooibos, tomilho e hortelã.

- **Escorpião**: signo intuitivo e profundo, conhecido por guardar segredos. Infelizmente, às vezes, guardam também rancores. Os escorpianos não perdoam facilmente, nem aos outros nem aquilo que consideram seus próprios fracassos, e isso pode levar a problemas como vício, negatividade e depressão. Entretanto, são extremamente talentosos e conhecidos por seus dons em trabalhos de cura de todos os tipos. Acima de tudo, as pessoas nascidas sob esse signo precisam aprender a perdoar e a seguir em frente, deixar de lado o passado e abraçar um futuro mais brilhante. As plantas para Escorpião incluem manjericão, cominho, gengibre, lúpulo, gerânio, hibisco e borragem.

- **Sagitário**: gregárias, espirituosas, individualistas e engraçadas, as pessoas nascidas sob este signo são talentosas e muito capazes em tudo o que escolhem fazer, mas também podem não ter sensibilidade em relação às necessidades e aos direitos dos outros ao seu redor. Os sagitarianos precisam ser estimulados mentalmente ou se tornarão inquietos e, às vezes, um pouco autodestrutivos. Parceiros e pais amorosos, eles precisam que seu ambiente seja feliz e otimista, caso contrário, tendem a seguir em frente, buscando paisagens e resultados mais positivos. As misturas de chá para este signo podem incluir anis, erva-doce, dente-de-leão, anis-estrelado, madressilva e noz-moscada.

- **Capricórnio**: trabalhadores e determinados a ter sucesso, às vezes à custa de relacionamentos pessoais, os capricornianos possivelmente ganharão muito dinheiro e ficarão famosos, mas o preço pode ser alto e eles geralmente se tornam emocionalmente distantes e fisicamente esgotados. Este signo se beneficia ao aprender a rir, a se animar, a ser espontâneo, a viver o momento e a aceitar que o sucesso emocional é vitalmente necessário para uma vida equilibrada e alegre. As plantas de Capricórnio incluem tomilho-limão, escutelária (chapéu-de-couro, calota craniana), papoula da Califórnia, camomila e verbena.

- **Aquário:** pensadores originais e criativos, os aquarianos são independentes e francos; eles amam a liberdade e são frequentemente inspirados a melhorar o mundo ao seu redor. Atraídas pelo misterioso e pelo sobrenatural, as pessoas desse signo são profundas, às vezes reservadas, o que pode torná-las uma espécie de enigma para as pessoas ao seu redor. Em geral, elas precisam encontrar um equilíbrio entre ideias e ações e se estabilizar para não sofrerem de tensão nervosa ou confusão. As plantas ligadas a este signo incluem erva-doce, lavanda, pinho, hortelã, capim-limão, salsa e lúpulo.

- **Peixes:** signo sensível, gentil e compassivo, os piscianos são, em geral, profundamente espirituais e sensíveis a todos os tipos de mistérios e correntes subterrâneas. São criativos, embora muitas vezes não tenham verdadeira confiança em sua própria criatividade inata. Não gostam de conflitos e às vezes fazem de tudo para manter a paz, mesmo que isso signifique procrastinar ou dizer algumas mentiras! Entretanto, são parceiros amorosos e leais, desde que sejam compreendidos e que seu profundo compromisso emocional não seja abusado de forma alguma. As plantas para este signo incluem erva-cidreira, bergamota, rosa, sálvia, maracujá, camomila, salgueiro e tília.

Um chá bem feito
é muito melhor do que
um chá "quase bom",
que é aquele que
você esquece depois.

A. A. Milne

10

PREPARAÇÃO DE XAROPES PARA CHÁ DE ERVAS

Embora em geral eu prefira usar quantidades limitadas de açúcar no chá, há um lugar para xaropes de chá de ervas, especialmente na preparação de chá gelado. Eles também podem ser armazenados e usados para adicionar às infusões de chá de inverno, pois o açúcar é um conservante natural. Os xaropes devem ser mantidos em pequenos frascos ou garrafas de vidro com tampas apertadas, de preferência na geladeira, por no máximo um ou dois meses.

Xarope de Ervas Frescas

Misture ½ xícara de água e açúcar em uma panela pequena e adicione uma pitada de sal. Você também pode adicionar ½ colher de chá de extrato de baunilha, mas isso é opcional. Ferva o xarope e, em seguida, adicione 4 ramos de ervas frescas, como hortelã, tomilho, manjericão, alecrim ou erva-cidreira. Tampe a panela e cozinhe em fogo brando por 20 a 25 minutos. Coe, deixe esfriar e despeje o xarope em uma garrafa ou frasco adequado.

Xaropes de Especiarias

Estes xaropes são particularmente bons em chás de inverno! Outra alternativa é adicionar um ou dois saquinhos de chá ao xarope – pode ser chá preto (como Earl Grey ou rooibos) ou um chá de flores (como jasmim ou chá verde). Também uso xaropes de ervas e especiarias para dar um sabor extra a produtos assados ou sobremesas, regando-os com um pouco de xarope antes de servir.

Xarope de Cardamomo

Uma das especiarias mais deliciosas, além de aquecer deliciosamente! Toste levemente algumas vagens de cardamomo em uma frigideira (ou compre sementes já trituradas). Em seguida, esmague-as em um almofariz e pilão. (Pode também adicionar algumas sementes de baunilha para dar mais sabor.) Combine ¼ de xícara de açúcar mascavo com 1 xícara de água e cozinhe em fogo baixo até que o açúcar se dissolva. Acrescente o cardamomo triturado e continue a cozinhar em fogo baixo por 10 a 15 minutos. Retire do fogo, deixe esfriar e coe bem antes de armazenar em pequenas garrafas ou potes de vidro.

Xarope de Chá de Gengibre e Especiarias

Esta receita específica é muito quente e repleta de poderosas propriedades curativas. Você pode misturar uma colherada em xícaras de chá preto ou de ervas ou simplesmente adicioná-la à água fervente e bebê-la assim mesmo. Use apenas gengibre fresco – por algum motivo, não funciona tão bem com gengibre moído.

Em uma panela, misture 1 xícara de água, ½ xícara de açúcar e 2 colheres de sopa de raiz de gengibre fresco finamente picado. Leve ao fogo brando e, em seguida, adicione 2 paus de canela, alguns cravos-da-índia e 1 colher de chá de noz-moscada. Cozinhe lentamente por 10 minutos ou até que o xarope esteja ligeiramente espesso, depois retire do fogo e deixe esfriar. Coe o xarope em um pequeno pote de vidro e mantenha-o em um local fresco e escuro. Deve ser usado dentro de 2 a 3 semanas.

Rende aproximadamente 1 ¼ de xícara de xarope.

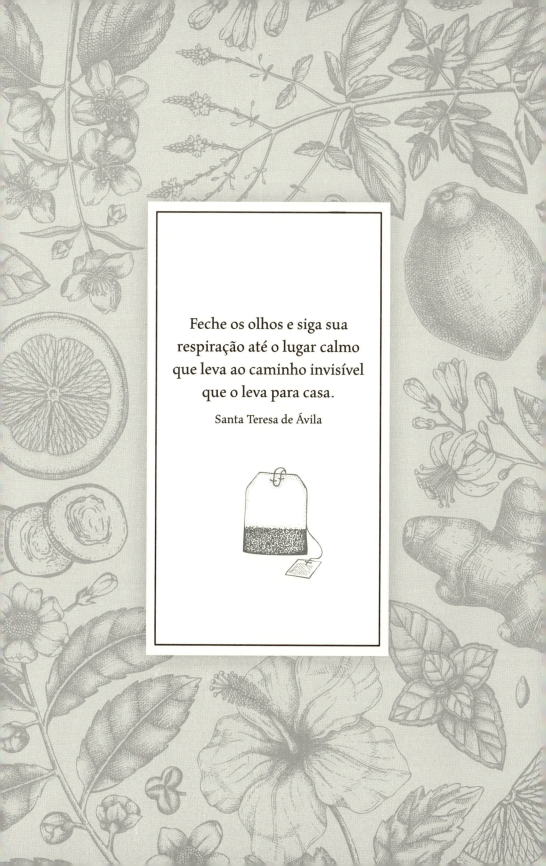

Feche os olhos e siga sua respiração até o lugar calmo que leva ao caminho invisível que o leva para casa.

Santa Teresa de Ávila

11

ESSÊNCIAS FLORAIS

Como terapeuta treinada em essências florais, trabalho com essas substâncias em vários níveis. No entanto, sempre me perguntam se essências florais podem ser incluídas nos rituais da hora do chá ou adicionadas aos chás que tomamos. A resposta é sim, felizmente, na maioria dos casos, com exceção de alguns poucos. Como nós, Bruxos e Bruxas Verdes sabemos, as essências florais são um verdadeiro presente dos espíritos das flores e da própria Mãe Terra, trazendo as vibrações sagradas e curativas de cada planta ao nosso alcance de forma simples e segura.

Adicionar algumas gotas de essência à sua xícara de chá é uma maneira deliciosa de acessar esses dons e sua magia todos os dias; no entanto, sugiro que escolha seu chá com cuidado e discernimento. Chás muito fortes ou escuros podem remover as vibrações suaves e sutis de muitas essências, portanto, um chá verde claro costuma ser a melhor opção. Da mesma forma, a água quente fervente não é propícia para manter a magia suave das essências, por isso é melhor adicioná-las somente quando o chá tiver esfriado um pouco. Obviamente, elas são ideais para serem adicionadas a chás gelados e outras bebidas resfriadas e podem transformar uma bebida aparentemente comum em algo realmente eficaz e espiritual.

Você pode usar essências florais compradas para fins de chá. Há vários produtos incríveis no mercado, a começar pela linha clássica do Dr. Edward Bach, que foi o primeiro a tornar as essências florais conhecidas nos países ocidentais. No entanto, fazer suas próprias essências florais é um processo fácil e mágico, pois cada um de nós é instintivamente atraído por flores ou plantas que chamam a nossa atenção para energias pessoais. Talvez você encontre essas flores em seu próprio jardim, em uma caminhada no campo ou até mesmo no mercado de produtores locais. Ao fazer essências, não precisa se preocupar se a planta é comestível ou mesmo venenosa, pois as essências florais não contêm traços da planta original. Isso lhe dá mais algumas opções, pois obviamente algumas ervas e flores são tóxicas quando ingeridas como chás ou infusões. Dito isso, embora alguns herboristas façam essências com plantas tóxicas, como dedaleira ou datura, prefiro errar por excesso de cautela e me ater às plantas que sei serem seguras.

A primeira etapa é, obviamente, escolher flores ou plantas com as quais você sinta uma conexão, que falem à sua alma e ao seu espírito em algum nível profundo. Em um dia claro e ensolarado (isso é muito importante), encha uma tigela grande de vidro com água de nascente e coloque-a sob a luz do sol. Em geral, você precisa de alguns punhados de flores ou plantas, que devem ser colhidas com cuidado em uma cesta plana para manuseá-las o mínimo possível; use uma tesoura pequena ou uma tesoura de plantas para cortá-las com cuidado e jogá-las na cesta. Em seguida, coloque as plantas na superfície da água e deixe-as em pleno sol por pelo menos duas horas. Após este período, remova as plantas usando um galho ou algo semelhante. Novamente, você deve manuseá-las o mínimo possível, para não transferir muita energia sua para o líquido.

Espalhe o material vegetal na base de uma árvore enquanto agradece à Mãe Terra por suas belas dádivas compartilhadas gratuitamente conosco. Em seguida, despeje a água em uma garrafa grande de vidro escuro esterilizado até a metade. Encha a garrafa até o topo com conhaque ou vodka. Pronto, você criou a "essência-mãe". Rotule e coloque a data neste frasco. Para criar frascos de essências florais para uso diário, pegue de 4 a 7 gotas da essência-mãe e coloque-as em pequenos frascos de vidro escuro com conta-gotas de 1 ml. Encha com o álcool de sua preferência, rotule e coloque a data. Para usar as essências florais, adicione algumas gotas a um copo de água de nascente a uma xícara de chá quente ou diretamente sob a língua. As essências florais também podem ser adicionadas a uma banheira com água morna para banho. As essências lunares são basicamente feitas da mesma forma, mas criadas sob a luz da Lua cheia.

Aqui está uma lista bem curta de flores que você pode usar para fazer essências e suas correspondências mágicas. Não incluí flores ou outras plantas amplamente usadas para fazer chás e infusões.

- **Amor-perfeito**: encontrar beleza em nosso próprio ser, abrir-se para a inspiração divina, clareza.
- **Boca-de-leão**: forte proteção contra forças nocivas, falar a nossa verdade.
- **Camélia**: ser autêntica, aprender a verdadeira sabedoria.
- **Cravo**: cura do coração, amor, paixão verdadeira.
- **Crisântemo**: proteção, longevidade.
- **Gerânio (todas as variedades)**: proteção mágica, boa saúde, cura em todos os níveis.

- **Girassol**: saúde, vitalidade, encontrar nova felicidade e significado.
- **Glicínia**: lidar com o envelhecimento, curar a dor, ver as bênçãos em nossa vida.
- **Glória-da-manhã**: despertar para a dádiva que é nossa vida, intuição e felicidade.
- **Íris**: sabedoria, encontrar nossa verdade interior, ser mais criativo.
- **Lilás**: equilíbrio de nossos seres internos, explorar outros reinos e possibilidades.
- **Lírio**: energias divinas, proteção, encontro com a harmonia em nossa vida.

- **Magnólia**: sabedoria da Deusa antiga e lembrança de nosso poder pessoal.
- **Margarida**: cura natural, inocência, alívio do estresse e da ansiedade.
- **Não-me-esqueças**: esclarecimento da mente, memória, intenção.
- **Tulipa**: beleza, gratidão, fortalecimento e cura do coração.
- **Vitória-régia**: equilíbrio das emoções, permitindo que a sabedoria interior flua.

Quando você vai começar essa longa jornada para dentro de si mesmo?

Rumi

12

Misturas de Chá para Sabedoria e Cura dos Chacras

Os chacras são um antigo sistema sânscrito de descrição e definição de diferentes centros de energia no corpo. São sete centros que não estão relacionados apenas aos aspectos físicos, como órgãos e glândulas, mas também a estados emocionais do ser. Se nossos chacras estiverem bloqueados de alguma forma – devido a uma doença, talvez, ou a problemas emocionais – a energia fica bloqueada e temos problemas de saúde e dificuldades psicológicas. Ervas, especiarias e outras plantas são frequentemente indicadas para uso com os diferentes chacras. Em meu primeiro livro, *Enchanted Herbal* (Ervas Encantadas), ofereci algumas ideias para a criação de misturas de óleos essenciais para apoiar e curar nossos sete chacras.

Os chás também podem ser usados para isso. A seguir, você encontrará uma lista dos sete chacras, as cores e campos de energia que os representam e algumas ideias de chás adequados para cada um deles.

- **Chacra Básico**: localizado na parte inferior da coluna vertebral. Cor: vermelho. Energia de abundância, força interior, estabilidade e aterramento. Os chás podem incluir flor de sabugueiro, sálvia, tomilho, hortelã-pimenta e dente-de-leão.

- **Chacra Sacral**: localizado na parte inferior do abdômen. Cor laranja. Sexualidade e amor pela vida em todas as suas facetas, aceitando o prazer e a sensualidade. Os chás que apoiam essas energias podem incluir hibisco, folha de framboesa, rosa, jasmim e calêndula.

- **Chacra Plexo Solar**: localizado na parte superior do abdômen. Cor: amarelo. Equilíbrio e foco, maior autoestima e senso de propósito, vitalidade. Possíveis chás de ervas são erva-cidreira, hortelã-pimenta, alecrim, gengibre, erva-doce e canela.

- **Chacra Cardíaco**: localizado no coração e nos pulmões. Cor: verde. Dar e receber amor em todos os níveis, relacionamentos equilibrados e saudáveis, autoaceitação e compaixão. Rosa, palha de aveia, gerânio, jasmim, tília e espinheiro são todos chás possíveis para apoiar este chacra.

- **Chacra Laríngeo**: localizado na garganta e na glândula tireoide. Cor: azul-claro. Clareza, criatividade e capacidade de comunicar nossa verdade com honestidade. Os chás para apoiar este chacra incluem camomila, sálvia, hortelã-pimenta, alecrim e eucalipto.

- **Chacra Frontal**: localizado na área entre os olhos e acima deles. Cor azul-escuro ou índigo. Percepção e insight, imaginação e realização do verdadeiro propósito. Considere experimentar chás feitos com limão, hortelã, lúpulo, zimbro ou artemísia.

- **Chacra Coronário**: localizado no topo da cabeça. Cor: branco ou roxo claro. Nosso eu mais elevado e sagrado, a sabedoria que leva à verdadeira iluminação e à paz interior. Os chás para este chacra incluem rosa, flor de sabugueiro, erva-cidreira, bergamota, lavanda e sálvia.

Essas são apenas algumas sugestões gerais; obviamente, outras ervas ou plantas podem funcionar particularmente melhor para você no que diz respeito aos chacras individuais.

A nossa época
é carente de significado
e pertencimento.

John O'Donohue

13

O Oráculo das Folhas

A leitura das folhas de chá, conhecida como "tasseomancia" ou "tasseografia", é uma das formas mais antigas de adivinhação e previsão do futuro; provavelmente existe há tanto tempo quanto o próprio consumo de chá, há pelo menos 5.000 anos! No entanto, ela se tornou realmente popular no Ocidente durante a Era Vitoriana, na Grã-Bretanha, quando era uma tendência da moda entre as classes mais altas empregar cartomantes ciganos para ler as folhas de chá e prever o futuro. Atualmente, essa arte milenar continua viva, e os Bruxos e Bruxas Verdes de todos os países e sistemas de crenças a utilizam como uma forma de acessar a sabedoria e as forças intuitivas naturais.

Embora eu certamente não tenha a pretensão de ser uma especialista neste assunto (e há vários livros excelentes disponíveis caso você queira se aprofundar nisso), aqui estão apenas algumas ideias curtas para você começar.

A leitura das folhas de chá pode ser feita com folhas de chá verde ou preto, que tendem a ser mais fáceis de ler na xícara. Embora os chás de ervas (feitos com folhas secas) possam ser usados, se o chá contiver especiarias ou outros pedaços grandes de material vegetal, isso afetará o resultado da leitura ou impossibilitará a visualização das imagens. Não se sinta tentado a abrir um saquinho de chá (de ervas ou não) e usá-lo para este fim; o chá contido nos saquinhos geralmente está um pouco pulverizado e simplesmente formará aglomerados.

Antes de preparar o chá, reserve alguns momentos para sentar-se em silêncio e refletir sobre o que você espera obter com esta leitura. As perguntas que poderá fazer a si mesmo (ou a qualquer outra pessoa para quem esteja fazendo a leitura) incluem as seguintes:

- Como estou me sentindo hoje, de corpo e espírito?
- O que preciso fazer hoje para o meu próprio bem?
- Minhas energias estão em um bom lugar?
- Há coisas específicas que preciso mudar em minha vida neste momento?
- Que sonhos e metas tenho agora?
- Como posso me mover em direção aos meus sonhos?
- O que estou esperando para o futuro?

Esta é uma atividade maravilhosa para chás que celebram a alma, o espírito e a adivinhação em qualquer nível, como chás para *Samhain*, ou *Halloween,* entre outras mudanças sazonais. Sugiro, também, usá-la no Chá de Espíritos e Memórias na Parte 4.

Leitura das Folhas

Depois de preparar o chá, que neste caso obviamente deve ser feito com folhas soltas, beba-o lentamente e com reverência até que haja apenas algumas colheres de chá frio no fundo da xícara. Se possível, use uma xícara de porcelana lisa e de cor clara para este ritual; as canecas geralmente não são adequadas por causa de suas laterais retas.

Gire suavemente a xícara três vezes: no sentido horário, anti-horário e depois no sentido horário novamente. Coloque a xícara em uma superfície firme, feche os olhos e respire profundamente três vezes. Em seguida, olhe para a xícara, permitindo-se ver quaisquer formas ou outras imagens que possam ter se formado nas folhas de chá. Se não for possível distinguir nenhuma, adicione algumas colheres de água fervida resfriada e gire a xícara novamente.

Na verdade, isso requer alguma prática. Nas primeiras vezes, você pode achar que tudo o que está vendo é um amontoado indistinto de folhas de chá, mas dê tempo ao tempo e algumas imagens definidas começarão a ficar aparentes.

A posição das folhas de chá dentro da xícara também é importante: se elas estiverem perto do topo da xícara, significam coisas e eventos que estão acontecendo no presente, sua situação atual ou qualquer problema que possa estar tendo. Situações assim podem exigir sua atenção imediata e precisam ser resolvidas logo.

As folhas de chá que formam padrões nas laterais da xícara indicam coisas que virão em um futuro relativamente próximo: o que pode mudar em sua vida ou questões que precisam ser resolvidas no futuro – por exemplo, um relacionamento difícil ou problemas financeiros. Você pode reservar um tempo para refletir sobre isso e planejar adequadamente. As folhas de chá no fundo da xícara são um presságio de eventos e mudanças de longo prazo em sua vida – talvez uma viagem, um encontro com alguém novo ou outras mudanças significativas em seu caminho. Elas são algo para se esperar e trabalhar a longo prazo, mas não necessariamente algo que exija seu foco e ação imediatos.

Há muitas maneiras diferentes de interpretar as imagens ou símbolos que você pode ver nas folhas de chá. Uma pesquisa on-line, ou em livros, sem dúvida lhe dará muito mais informações sobre essa habilidade antiga, mas aqui está uma pequena lista de alguns dos símbolos mais comumente encontrados e seu significado geralmente aceito:

- **Âncora**: fé, estar fundamentado.
- **Anjo**: um símbolo muito positivo, um sinal de apoio e proteção.
- **Barco**: viagem, fazer mudanças em sua vida, seguir em frente.
- **Borboleta**: fé, segredos eternos.
- **Cão**: amizade.
- **Casa**: fazer mudanças.

- **Coração**: novo amor, fortalecimento dos laços de afeto existentes.
- **Cruz**: energia bloqueada, dúvidas.
- **Espirais**: conexão com o divino; nova iluminação em qualquer área da vida.
- **Estrela**: descoberta de nova esperança, fé e propósito; desejos que estão se tornando realidade.
- **Faca ou espada**: perigo, consciência de possíveis armadilhas e energias negativas.
- **Gato**: segredos ocultos.
- **Lua e estrelas**: seguir a luz, confiar no mistério da vida.
- **Montanhas**: obstáculos e bloqueios a serem enfrentados, novos começos.
- **Pássaros**: liberdade, viagem.
- **Peixes**: boa sorte.
- **Penas**: crescimento espiritual e conscientização; necessidade de silêncio, tempo introspectivo.
- **Sol**: sucesso e felicidade.
- **Taça ou Cálice**: sacrifícios positivos, resolução de emoções, encontrar um caminho de volta à paz.
- **Vela**: paz, iluminação espiritual.

Parte 4

Chás para todos os dias, estações e celebrações

Há apenas duas maneiras de viver sua vida.
Uma é como se *nada* fosse um milagre.
A outra é como se *tudo* fosse um milagre.

Albert Einstein

14

CHÁ AO NASCER DO SOL

Nascer do sol – o início de um novo dia, com todas as suas dádivas e promessas ainda desconhecidas (e, sim, às vezes, desafios também!). Há muito tempo se sabe que as primeiras horas da manhã, antes e logo depois do nascer do sol, são os momentos em que estamos mais abertos e receptivos à criatividade, à inspiração e à magia, pois ainda não tivemos a chance de nos atolar nas demandas e no estresse do dia.

Adoro me levantar quando o céu começa a clarear e sentar no meu deck, se o tempo permitir, com a primeira xícara de chá, ouvindo os sons alegres dos pássaros acordando e o vento do mar balançando as folhas das árvores ao redor da minha pequena casa. Passei a valorizar este ritual específico do chá matinal e tento desfrutá-lo pelo menos algumas vezes por semana.

Hora do chá ao nascer do sol? Pode parecer um pouco estranho para aqueles de nós que acham que a hora do chá tem um horário mais estritamente definido, geralmente no meio da manhã ou no final da tarde. Mas eu, pessoalmente, acredito que a magia do chá é algo que podemos e devemos desfrutar a qualquer hora do dia e em qualquer lugar – e esse é um dos motivos pelos quais escrevi este livro!

É claro que a hora do chá ao nascer do sol provavelmente será mais solitária do que a maioria, mas isso não é necessariamente algo negativo. Ela nos dá a chance de refletir, em silêncio, sobre o dia que temos pela frente e o que esperamos trazer para ele em todos os níveis. Esse tempo de silêncio pode nos ajudar a acalmar nossos pensamentos, reformular quaisquer ansiedades que possamos ter e esclarecer nossas metas. Por esse motivo, escrever ou desenhar em um diário é particularmente útil neste momento e nos incentiva a começar o dia com uma nota positiva. Se você conhece o maravilhoso livro *The Artist's Way*, de Julia Cameron, vai se lembrar do exercício "páginas matinais" que ela recomenda, sugerindo que algumas páginas de escrita livre ajudam a definir o tom para um dia verdadeiramente criativo e saudável.

Quer você tome um chá sozinha ao nascer do sol ou na companhia de outras pessoas, há muitas formas de torná-lo especialmente significativo.

Para começar, se você for como eu e preferir um início de manhã calmo e sem estresse, é uma boa ideia ter uma bandeja de chá matinal pronta. A minha é muito simples: apenas uma pequena bandeja de bambu, que contém uma linda xícara de chá, alguns saquinhos de chá e um pequeno pote de mel, nunca deixando faltar um pequeno toque extra – talvez uma flor fresca, ou um ramo de alecrim, e um livro de afirmações para ler.

Preparo a bandeja de chá no final da noite, cubro-a com um pano leve e deixo-a em um canto da minha cozinha; então, pela manhã, tudo o que preciso fazer é encher e ferver a chaleira para iniciar minha cerimônia simples do chá. Se for inverno e ainda estiver escuro ou se o tempo estiver cinzento e sombrio, uso algumas velas para trazer as cores do nascer do sol para a minha casa – amarelo, dourado e rosa suave são as minhas favoritas. Um pouco de incenso suave também é apropriado e ajuda a concentrar a mente de forma pacífica. Adoro usar lavanda, gerânio ou rosa, pois eles criam um início de dia muito bonito e tranquilo.

Observação adicional: talvez você queira escolher um chá bastante forte e robusto, como o *English Breakfast*, que dá um pequeno impulso para o dia! No entanto, se você preferir algo mais leve e com menos cafeína, o Earl Grey com uma fatia de limão também funciona bem. Na verdade, qualquer chá de ervas da família da hortelã ou das frutas cítricas é uma boa opção para uma xícara matinal, e um raminho de alecrim no chá garantirá um pensamento claro e brilhante ao longo do dia.

O nascer do sol acontece todos os dias. É um belo presente da Terra e dos céus que está apenas esperando por nós. Tudo o que temos de fazer é abrir os olhos. A beleza está lá, oferecida gratuitamente.

Este é um ritual simples do nascer do sol que tento fazer antes de me sentar com meu chá e, muitas vezes, com algo pequeno e delicioso para comer.

Fique de frente para o Leste (ou acenda uma vela apropriada, se necessário) e diga em silêncio as seguintes palavras:

O dia que nos foi dado chegou. Sou grata e abençoada.
Seja o que for que este dia me reserve, aceito suas dádivas e promessas.
Todos os dias sou lembrada da vida e da magia desta terra;
que posso sempre honrar e valorizar essa simples bênção.
E assim é!

Chá Dia Radiante

Esta é uma mistura de chá adorável, fresca e energizante, cheia de cores e sabores intensos; use-a para começar bem o dia e permita que ela lhe dê novas esperanças, foco e ideias criativas.

Use de uma a duas colheres de chá da mistura em uma xícara de água recém-fervida, deixe em infusão por 10 minutos, coe e adicione mel, xarope de bordo ou estévia para adoçar, conforme necessário. Este chá pede raspas de laranja secas, mas se você não tiver nenhuma à mão, pode usar um pouco de raspas de laranja fresca ralada bem fina.

Misture ½ xícara de folhas de hortelã-pimenta secas, ¼ de xícara de pétalas de calêndula secas, 2 talos de capim-limão seco picado bem fino, 2 colheres de chá de raspas de laranja secas e 1 colher de chá de gengibre moído em uma tigela pequena e misture bem. Transfira para um frasco ou lata hermética adequada para armazenamento. O chá deve manter seu frescor e sabor por alguns meses se for armazenado em um local escuro e fresco.

Chá Para Melhorar o Humor

Às vezes, apesar das nossas melhores intenções, acordamos de manhã ansiosas e estressadas, principalmente se soubermos que aquele dia específico terá seus próprios desafios. Nesses dias, pode ser muito tentador simplesmente puxar as cobertas sobre a cabeça e não se levantar!

Os ingredientes suaves contidos nesta mistura de chá ajudarão a melhorar o humor, permitindo enfrentar o novo dia com mais equanimidade e uma perspectiva positiva. Observe que a erva-de-são-joão é uma erva poderosa e deve ser usada com cautela, especialmente se você já estiver tomando medicamentos para ansiedade e depressão; consulte seu médico primeiro.

Coloque um saquinho de chá de camomila na caneca e, em seguida, adicione uma colher de chá de cada folha seca de erva-de-são-joão, hortelã-pimenta, manjerona e uma pitada de canela em pó. Despeje uma xícara de água recém-fervida sobre as ervas, deixe em infusão por 10 minutos, coe e beba lentamente e de forma consciente, respirando as qualidades edificantes das ervas e especiarias.

Chá Matinal de Esther

Esther, uma linda amiga minha de cabelos ruivos, adora essa mistura de chá para começar a manhã com uma nota fresca e curativa. Em geral, ela o prepara na noite anterior e o serve gelado nas manhãs de verão, mas imagino que também seria delicioso se servido quente quando o tempo estiver frio! O chá de rooibos é um dos favoritos por suas propriedades antioxidantes e curativas, e combina muito bem com os sabores florais e de limão das ervas.

Para fazer 4 xícaras de chá de rooibos, prepare um bule com 4 xícaras de água recém-fervida e 3-4 saquinhos de chá de rooibos. Acrescente de 3 a 4 folhas de gerânio rosa esmagadas, algumas folhas de verbena-limão e 1 colher de sopa de flores de lavanda secas. Deixe em infusão por 15 minutos, depois coe e leve à geladeira até a hora de servir. Fica bom com gelo em uma manhã quente de verão.

Chá de Lavanda e Manjericão

Essa é uma maneira simples e fresca de começar a manhã, deixando para trás os problemas do dia anterior e aproveitando o momento. Também é um ótimo chá para todos os tipos de festas, quase todo mundo gosta.

Coloque ½ xícara de folhas frescas de manjericão (ou 2 colheres de sopa de folhas secas) em um bule de chá, juntamente a 2 colheres de chá de folhas/flores frescas de lavanda (ou 1 colher de chá de folhas secas) e 3-4 xícaras de água recém-fervida. Deixe em infusão por 10 a 15 minutos. Em seguida, despeje nas xícaras de chá usando uma peneira. Este chá pode ser adoçado com um pouco de mel floral, se desejar, mas experimente-o sem açúcar primeiro, para realmente apreciar o intenso aroma e sabor verde e floral!

Cappuccino Vermelho (Rooibos)

Para aqueles que são viciados em uma xícara de café matinal, este é um substituto muito mais saudável, sem cafeína e repleto de antioxidantes saudáveis! Basta preparar uma xícara forte de chá de rooibos (adoçado ou não, como preferir) e, em seguida, cobrir com leite vaporizado que você bateu até formar uma espuma leve (eu uso um pequeno batedor de mão para isso). Você pode usar leite de vaca ou uma alternativa, como leite de amêndoa ou de soja. Coloque o leite sobre o chá e, em seguida, polvilhe com um pouco de canela ou noz-moscada finamente moída.

Pão de Chá Earl Grey

Sei que não estou sozinha quando digo que o Earl Grey é um dos meus chás favoritos, com seu sabor e fragrância delicados, refrescantes e estimulantes, aquecidos com a delicadeza da bergamota. O chá Earl Grey também funciona maravilhosamente bem quando usado em receitas, especialmente em produtos assados! Esta receita de pão de chá acrescenta o sabor de laranjas, tâmaras e uvas passas douradas para uma guloseima deliciosa e saudável, que pode ser servida sozinha ou fatiada com manteiga (que é como minha mãe sempre fazia, mas ela acreditava que a manteiga simplesmente deixava tudo mais gostoso). Este pão parece perfeito para começar o dia; ele tem uma vitalidade e uma vibração positiva que é uma boa nota para começar.

Preaqueça o forno a 160 °C.

Unte e forre uma forma de pão média.

Você vai precisar de:

- ½ colher de chá de sal
- ¾ de xícara de uvas passas douradas
- 1 barra de manteiga
- 1 colher de chá de bicarbonato de sódio
- 1 colher de chá de canela em pó
- 1 colher de sopa de raspas de laranja
- 1 xícara de açúcar mascavo claro
- 1 ¼ de xícara de água fervente
- 2 ovos batidos
- 2 xícaras de farinha
- 3 saquinhos de chá Earl Grey
- 115 g de tâmaras sem caroço, picadas

Coloque os saquinhos de chá em uma jarra de vidro e despeje a água fervente sobre eles. Deixe em infusão por 10 minutos e, em seguida, retire os saquinhos. Misture o chá, com as tâmaras, as passas, o açúcar e a manteiga em uma panela e cozinhe em fogo brando por 10 minutos, ou até que o açúcar se dissolva e a manteiga derreta. Acrescente o bicarbonato de sódio, retire do fogo e deixe esfriar por 15 minutos.

Em uma tigela grande, peneire a farinha, o sal e a canela e, em seguida, acrescente a mistura de frutas resfriadas, os ovos e as raspas de laranja. Bata até obter uma massa espessa e, em seguida, despeje-a na forma preparada e asse por 75 minutos ou até que o pão esteja dourado. Teste o ponto. Deixe esfriar um pouco na forma antes de desenformar sobre uma grade. Esse pão pode ser guardado embrulhado por até 4 dias.

Muffins da Glória da Manhã

Úmidos e deliciosos, os muffins são guloseimas simples que podem substituir o café da manhã. Todas as frutas e nozes fazem com que fiquem extremamente saudáveis, e a canela acrescenta uma nota de aquecimento e cura. Você também pode misturar a massa na noite anterior e deixá-la em uma tigela coberta na geladeira durante a noite, antes de assar os muffins pela manhã. Eu gosto de fazê-los em tamanho mini, mas os normais também funcionam bem.

Preaqueça o forno a 180 °C.

Unte bem uma forma para 12 muffins (ou uma forma para 24 mini muffins).

Você vai precisar de:

- ½ colher de chá de sal
- ½ xícara de açúcar
- ½ xícara de coco ralado sem açúcar
- ½ xícara de nozes-pecãs picadas (opcional)
- ½ xícara de óleo vegetal
- ½ xícara de uvas passas sem sementes
- 1 cenoura, descascada e ralada
- 1 colher de chá de canela em pó
- 1 colher de chá de extrato de baunilha
- 1 maçã, descascada e ralada
- 2 colheres de chá de fermento em pó
- 2 ovos
- 2 xícaras de farinha

Peneire a farinha, o fermento em pó, a canela, o sal e o coco em uma tigela grande. Em outra tigela, bata os ovos, o açúcar, o óleo e a baunilha até obter uma mistura espessa e cremosa. Adicione à mistura de farinha com a maçã, a cenoura, as passas e as nozes e bata rapidamente – a mistura deve ficar espessa e grumosa; não bata demais.

Encha as formas de muffin preparadas com ¾ da massa e asse por 20 a 25 minutos até que eles cresçam e fiquem dourados. Deixe esfriar nas formas por 5 minutos antes de desenformar sobre uma grade. Os muffins serão mantidos se estiverem em um recipiente hermético por alguns dias.

Cookies Amanteigados de Gengibre e Amêndoas

Estes pequenos biscoitos, cheios de energia brilhante e positiva, são o acompanhamento ideal para a sua primeira xícara de chá da manhã. Uma vantagem adicional é que eles podem ser feitos com antecedência e armazenados na geladeira ou no freezer, de modo que, pela manhã, basta fatiar e assar para obter biscoitos frescos. Se quiser aumentar o fator gengibre, pode acrescentar uma colher de sopa a mais de gengibre fresco, ralado bem fino ou cristalizado picado bem fino à mistura. As amêndoas acrescentam outra nota mágica, mas podem ser excluídas se houver problemas de alergia.

Preaqueça o forno a 150 °C.

Unte bem uma forma de cookies grande.

Você vai precisar de:

- ¼ de colher de chá de sal
- ¼ de xícara de amêndoas em flocos
- ½ colher de chá de cardamomo moído
- ½ colher de chá de fermento em pó
- ⅔ de xícara de açúcar mascavo claro
- 1 colher de chá de extrato de baunilha
- 1 colher de sopa de gengibre fresco ralado (opcional)

- 1 colher de sopa de gengibre moído
- 2 palitos de manteiga sem sal, amolecida
- 2 xícaras de farinha para bolo

Em uma tigela grande, bata a manteiga, o açúcar e a baunilha até que a mistura fique leve e fofa. Em outra tigela, peneire a farinha, o gengibre moído, o fermento em pó, o sal e o cardamomo. Em seguida, adicione esses ingredientes à mistura de manteiga feita anteriormente, para formar uma massa macia. Acrescente o gengibre fresco, se for utilizá-lo. Deixe a massa esfriar por 30 minutos e, em seguida, molde-a em dois ou mais rolos com cerca de 4 cm de diâmetro. Embrulhe os rolos em papel manteiga e guarde-os na geladeira por até uma semana ou no freezer por até um mês.

Quando quiser assar os cookies, deixe um rolo aquecer por 10 minutos e, em seguida, use uma faca bem afiada para cortar biscoitos com cerca de 1 cm de espessura. Disponha-os em uma assadeira de biscoitos e polvilhe algumas amêndoas em flocos em cada cookie. Asse por 10 a 15 minutos ou até que os cookies estejam com uma cor marrom dourada bem clara. Deixe esfriar sobre uma grade. Esses cookies podem ser armazenados em um recipiente hermético por uma semana.

Rende aproximadamente 48 cookies.

O lar não era... um lugar, mas um momento, e depois outro, construídos um sobre o outro como tijolos para criar um abrigo sólido que você leva consigo por toda a vida, aonde quer que vá.

Sarah Dessen

15

CHÁS DE MESA DE COZINHA

Na cozinha de minha mãe, havia uma pequena placa pintada à mão; brilhante e colorida, bem ao estilo dos anos 70, pendurada ali desde que me lembro. "Onde quer que eu sirva meus convidados, parece que eles preferem minha cozinha." Meu eu adolescente achava que isso era banal e antiquado, e tenho a certeza de que disse isso à minha mãe várias vezes. Sabiamente, ela me ignorou, porque sabia a verdade; uma verdade que demorei um pouco mais para descobrir em sua simples sabedoria. Não é à toa que a cozinha é conhecida como o coração da casa e, o que é mais importante, é o centro da sabedoria, da magia e da graça que podemos criar com muita simplicidade todos os dias. De fato, é a magia da cozinha.

Como disse na introdução deste livro, cresci com o chá como parte integrante da minha vida cotidiana – não apenas as festas de chá especiais que eram uma característica de aniversários e outros eventos marcantes, mas também o chá diário, que geralmente acontecia por volta das 4 horas da tarde. A chaleira elétrica era ligada e o bule e as xícaras de chá Noritake azuis e brancas eram colocadas na mesa da cozinha. Às vezes, havia bolo na lata listrada de doces no alto do armário, mas na maioria das vezes, havia simples bolachas e biscoitos amanteigados. Aqueles momentos de tranquilidade, apenas eu e minha mãe ou com qualquer pessoa que estivesse nos visitando, era apenas uma parte do padrão diário de nosso dia.

Foi somente quando fiquei mais velha que aprendi um pouco mais sobre porque este ritual era tão importante para minha mãe. Ela havia nascido na Cidade do Cabo, pouco antes do início da Segunda Guerra Mundial; a família dela, que também era composta por sua mãe, seu pai e seu irmão mais velho, não tinha uma vida financeira fácil e frequentemente vivia, como minha mãe costumava dizer, "com o dinheiro contado". Após o fim da guerra, quando ela tinha sete anos, a família perdeu sua pequena casa e teve que alugar um apartamento em uma pensão, um espaço pequeno e apertado onde as duas crianças tinham que dormir na varanda coberta. No entanto, como minha mãe me contou, havia sempre uma sensação de abundância e alegria em sua casa, e todas as tardes a chaleira era fervida e o chá servido e bebido em uma atmosfera de graça e esperança. Eles tinham muito pouco, mas faziam questão de aproveitar e saborear o momento, gratos pela companhia e pelo amor que compartilhavam.

Acredito que essa é a primeira lição que minha mãe nunca esqueceu e que passou para mim: compartilhe o que você tem, mesmo que seja muito simples. Seja grato pelo momento. Faça de cada dia algo para comemorar, não importa qual seja sua situação. Lembre-se de como somos abençoados, especialmente por aqueles que amamos e por aqueles que nos amam. É tudo uma questão de conexão, acredito que é isso que os chás de cozinha significam, por mais simples e despretensiosos que sejam.

Sentados ao redor da mesa, podemos deixar de lado a necessidade de ser qualquer coisa que não seja quem somos. Podemos realmente compartilhar nosso coração e nosso eu. Tive muitas de minhas conversas mais abertas e honestas – mesmo que às vezes dolorosas – na mesa da cozinha, tomando chá e simplesmente estando presente naquele momento.

Portanto, os chás na mesa da cozinha são simples e abundantes ao mesmo tempo. Eles não precisam de xícaras extravagantes ou decorações de mesa, embora um jarro de flores silvestres e ervas seja sempre bem-vindo; o que eles precisam é do calor da conexão e da amizade e da alegria de estar juntos em momentos que são memoráveis e preciosos.

O chá, é claro, representa todos os quatro elementos: Fogo, Terra, Ar, Água, e uma simples graça que reflita isso é uma ótima maneira de começar ou concluir um chá de cozinha. Reúna-se ao redor da mesa, ferva a água e prepare o chá. Sugiro que todos os presentes levantem suas xícaras ou canecas e digam:

Ar, Água, Terra, Fogo... todas essas dádivas do nosso mundo estão aqui. Mais do que isso são as dádivas invisíveis, as bênçãos que compartilhamos do amor, da amizade e da comunidade. Que este chá e este momento sempre nos lembrem da graça e das dádivas que celebramos e compartilhamos nesta hora tranquila e sagrada.

Chá para a Saúde Diária

Este chá à base de rooibos é inspirado na composição encontrada no livro *Tea*, da falecida Margaret Roberts, a decana dos escritores de ervas da África do Sul. Mesmo aqueles que não gostam muito do sabor do rooibos, como eu, acham este chá saboroso e refrescante. É um bom chá de mesa de cozinha, pois é simples, purificador e bom para nós em muitos níveis, tanto físicos quanto emocionais.

Esta receita rende 1 xícara, mas pode ser facilmente aumentada para servir quantas pessoas forem necessárias. Coloque 1 saquinho de chá de rooibos na xícara e adicione 1 fatia fina de limão, 2 fatias muito finas de gengibre fresco, 3 cravos-da-índia e algumas folhas frescas de erva-cidreira ou hortelã. Despeje 1 xícara de água recém-fervida sobre os ingredientes e deixe em infusão por 5 a 10 minutos. Coe e sirva adoçado com mel. Este chá também pode ser servido frio com um pouco de gelo picado.

Chá Conversando Sobre Isso

Uma das coisas mais importantes que fazemos é nos comunicarmos uns com os outros, mas às vezes, vários fatores dificultam isso; adiamos certas conversas por vários motivos diferentes e, no final, acabamos nos sentindo desconectados, desconfortáveis e estressados. Sentar-se ao redor da mesa da cozinha é uma das maneiras mais agradáveis e não ameaçadoras de se ter conversas de qualquer tipo, e essa mistura de chá simples e picante contém os ingredientes necessários para apoiar isso: sementes de cominho, limão (para clareza de pensamento), canela e tomilho (para coragem e força).

Em uma tigela pequena, misture 1 colher de chá de sementes de cominho, 1 fatia fina de limão fresco, ½ canela em pau (esmagada) e 1 colher de chá de tomilho seco (ou 1 colher de sopa de folhas de tomilho fresco). Despeje 1 xícara de água recém-fervida sobre as ervas e deixe em infusão por 10 minutos. Coe e sirva quente; um pouco de mel e uma gota de extrato de baunilha tornam este chá ainda mais delicioso!

Chá da Casinha

Às vezes, quando tudo se torna excessivo, todos nós desejamos viver em uma pequena casa de campo, um lugar aconchegante e confortável, onde o estresse e a tensão do mundo exterior parecem muito distantes! Adoro a simplicidade desta mistura de chá, que inclui o calor intenso do tradicional Earl Grey, e todos parecem gostar dela.

Basta combinar 1 xícara de folhas de chá Earl Grey com 1 colher de sopa de flores de lavanda secas esfareladas, algumas sementes de baunilha e 1 punhado de pétalas de girassol e centáurea secas. Armazene em um frasco hermético e use 1 colher generosa da mistura para fazer 1 xícara de chá reconfortante a qualquer momento! Se preferir, pode omitir as pétalas de girassol e usar um pouco de erva-cidreira seca.

Chá São e Salvo

O lar é (ou deveria ser) um lugar onde nos sentimos seguros e protegidos por energias e entidades positivas em todos os níveis, tanto físico quanto emocional. Infelizmente, às vezes não é este o caso e podemos precisar de uma ajuda extra; essa simples mistura de chá é sempre calmante e reconfortante. Faça uma xícara deste chá para si mesma e para os outros quando precisar se sentir cercada por uma aura de verdadeira segurança externa e interna. Substituir o chá preto sugerido pelo Earl Grey vai adicionar uma camada de proteção contra uma variedade de doenças e problemas de saúde.

Para fazer uma xícara de chá, coloque 1 colher de chá de erva de chá preto claro (como Assam ou Darjeeling) na xícara e adicione 1 colher de chá de camomila seca, flores de sabugueiro secas e um pouquinho de capim-limão seco picado bem fino. Polvilhe algumas sementes de baunilha. Encha a xícara com água fervente, deixe em infusão por 10 minutos, coe e beba. O mel também acrescenta uma dimensão extra de proteção.

Biscoito Amanteigado com Gotas de Chocolate

O Shortbread é um daqueles biscoitos que todo mundo adora; também é simples de fazer e se conserva bem em um recipiente hermético, pronto para a próxima reunião na hora do chá em sua cozinha aconchegante e convidativa. As gotas de chocolate são opcionais, mas acrescentam uma explosão de sabor extra; elas me lembram os maravilhosos chás que tomei na Escócia, que é um país tão mágico, repleto de encanto e tradição. Você pode usar gotas de chocolate ao leite ou amargo, como preferir.

Preaqueça o forno a 160 °C.

Unte levemente com manteiga uma forma quadrada de 20 cm.

Você vai precisar de:

- ¼ de colher de chá de sal
- ¼ de xícara de amido de milho

- ⅓ de xícara de açúcar superfino
- ½ xícara de pedaços de chocolate
- 1 ½ xícara de farinha para bolo
- 1 barra de manteiga sem sal, amolecida

Bata a manteiga e o açúcar até obter uma mistura leve e cremosa. Em outra tigela, peneire bem a farinha, o amido de milho e o sal. Em seguida, misture-os à mistura de manteiga. Por fim, adicione as gotas de chocolate e misture bem para obter uma massa macia, mas não grudenta. Pressione a massa uniformemente na assadeira preparada e pique levemente com um garfo.

Asse por 35 a 40 minutos, até que o Shortbread esteja dourado e claro. (Não deixe que fique muito escuro!) Retire do forno e, em seguida, corte em quadrados ou barras enquanto ainda estiver quente. Deixe esfriar completamente na forma antes de retirar os biscoitos com uma espátula. Conserva-se bem por pelo menos uma semana, mas parece que isso nunca acontece!

Rende de 12 a 16 barras ou quadrados.

Scones de Ervas e Queijo

Acredito que quanto "menor", "melhor", quando se trata de comida servida na hora do chá e, embora estes scones possam ser feitos no tamanho normal, gosto de usar um cortador pequeno de aproximadamente 2 cm para fazê-los. Se preferir, você não precisa usar a cobertura e simplesmente servi-los com bastante manteiga e um pouco mais de queijo ralado. Use as ervas que desejar para essa receita – cebolinha, orégano ou salsa também funcionam bem.

Preaqueça o forno a 200 °C.

Unte muito bem uma assadeira grande.

Você vai precisar de:

- ½ colher de chá de sal
- ½ xícara de manteiga resfriada

- 1 colher de sopa de fermento em pó
- 1 ovo
- 2 colheres de sopa de parmesão ralado
- 2 colheres de sopa de suco de limão
- 2 ½ xícaras de farinha
- Algumas folhas de tomilho picadas
- Leite

Peneire a farinha, o fermento em pó e o sal em uma tigela grande. Corte a manteiga fria em cubos pequenos e esfregue-a na farinha até que a mistura se pareça com uma farinha de rosca grossa. Acrescente as ervas picadas e o parmesão. Quebre o ovo em uma jarra de medição e, em seguida, adicione o suco de limão e leite suficiente para fazer uma xícara do líquido. Bata brevemente e, em seguida, misture à mistura de farinha para obter uma massa macia, mas maleável.

Estique a massa em uma superfície enfarinhada até que ela fique com cerca de 1,5 cm de espessura e corte-a usando cortadores adequados. (Você deve conseguir pelo menos 12 scones grandes ou 24 pequenos com esta receita). Coloque na assadeira e leve ao forno por 15 a 20 minutos, até que os scones estejam bem crescidos e dourados. Deixe esfriar sobre uma grade. Sirva morno ou frio, de preferência no mesmo dia em que foram feitos.

Cobertura de Queijo Cremoso

Coloque um pacote de 240 ml de *cream cheese* integral em uma tigela e bata até obter um creme claro e fofo. Acrescente 1 pitada de sal e pimenta e ¼ de xícara de creme azedo. Por fim, adicione 2 colheres de sopa de cebolinha picada ou outra erva de sua preferência. Mantenha a cobertura refrigerada e coloque-a em cima dos scones antes de servir.

Tarteletes de Frango da Coroação

O *Coronation Chicken*, um prato de frango frio servido com um molho de maionese levemente curado, tem um nome honroso: foi servido pela primeira vez na coroação da Rainha Elizabeth II da Grã-Bretanha, em 1952. Hoje em dia, costuma ser servido como recheio de sanduíches para a hora do chá, mas decidi mudar um pouco as coisas e fazer pequenas tortinhas, embora continue a utilizar pão como base, o que é mais fácil e rápido do que fazer a massa.

Pré-aqueça o forno a 180 °C.

Unte levemente 10 a 12 formas rasas para tortinhas.

Você vai precisar de:

- ¾ de xícara de maionese
- 1 cebola pequena, ralada
- 1 colher de sopa de purê de tomate
- 1 dente de alho amassado
- 1 ½ colher de sopa de curry em pó suave
- 1 ½ xícara de frango cozido desfiado
- 2 colheres de sopa de manteiga derretida
- 2 colheres de sopa de pimentão vermelho picado
- 2 colheres de sopa de suco de limão
- 4 colheres de sopa de azeite de oliva, divididas
- 10 a 12 fatias de pão branco macio
- Hortelã fresca ou coentro

Use um rolo de massa para achatar cada fatia de pão até que ela fique bem fina. Em seguida, use um cortador adequado para cortar círculos que caibam nas formas. Combine a manteiga derretida com duas colheres de sopa de óleo e pincele esta mistura levemente nos dois lados dos círculos de pão. Pressione a massa nas forminhas de empada e asse por 15 a 20 minutos, até que as cascas estejam crocantes e douradas. Deixe esfriar sobre uma grade de resfriamento.

Enquanto estiverem assando, prepare o recheio de frango. Aqueça o azeite de oliva restante em uma panela e frite a cebola, o alho e a pimenta até que fiquem macios e dourados. Acrescente o curry em pó, o purê de tomate e o suco de limão e cozinhe até formar uma pasta. Retire do fogo e deixe esfriar antes de acrescentar a maionese e o frango desfiado. Mantenha refrigerado. Recheie as cascas de pão antes de servir, cobrindo cada uma com um pouco de hortelã fresca picada ou coentro.

Preenche de 10 a 12 tortinhas.

O mínimo que podemos fazer com nossa vida é descobrir o que desejamos. E o máximo que podemos fazer é viver dentro dessa esperança.

Barbara Kingsolver

16

CHÁ DE PIJAMA

Em geral, a maioria de nós tem uma tendência e uma bondade inata de espírito que nos faz colocar as necessidades dos outros antes das nossas. Isso, é claro, não está errado, pois cuidar das pessoas ao nosso redor – sejam elas familiares imediatos, amigos ou a comunidade em geral – é uma parte essencial do ser humano. Infelizmente, é seguro dizer que muitos de nós (e aqui devo dizer que as mulheres em particular se enquadram nesta categoria) colocamos nossas próprias necessidades e bem-estar bem abaixo em nossa lista de tarefas, tão abaixo que, às vezes, somos totalmente ignoradas e esquecidas.

Então, depois de algum tempo, começamos a nos perguntar por que estamos com raiva, irritadas, exaustas e, em geral, esgotadas? O que pode, evidentemente, levar a um esgotamento absoluto do corpo, da mente e do espírito. Na verdade, acredito por experiência própria e de muitos amigos, que as doenças físicas ou emocionais costumam ser um sinal de alerta, um sinal de que precisamos parar de fazer, de nos preocupar, de perseguir e nos permitir, em vez disso, deixar para lá e nos dar a chance de simplesmente ser. Há uma razão pela qual o autocuidado se tornou uma coisa importante nos dias atuais – porque ele é, mais do que nunca, necessário neste momento.

Obviamente, algumas doenças têm outras causas. Se tiver problemas de saúde, eles precisam ser verificados pelos profissionais de saúde relevantes. Mas às vezes, a necessidade mais premente que temos é simplesmente descansar, deixar ir, retirar-se; um conceito tão bonito. Se tiver a oportunidade de fazer um retiro, recomendo que o faça; eles podem realmente ser uma experiência que muda sua vida. Mas como a maioria de nós provavelmente não pode se dar ao luxo (e ao tempo) de um retiro completo, gosto de pensar no conceito de chá de pijama como uma alternativa viável e alegre!

Basicamente, isso envolve reservar uma parte do seu tempo (um fim de semana, um dia, algumas horas) em que possa ficar em silêncio consigo, sem se perturbar com nada, simplesmente refletindo. E não, não precisa ser de pijama, basta usar o que achar mais confortável e relaxante. Escolha um local simples e tranquilo para seu tempo de silêncio: certifique-se de que seja quente se o tempo estiver frio, ou talvez você possa escolher um local calmo ao ar livre em um belo dia de verão. Planeje o chá que vai tomar – talvez usando algumas das receitas deste livro – bem como lanches simples, leves e nutritivos. Reúna todos os suprimentos necessários, incluindo xícaras, bule e utensílios. Outras coisas que tornam tudo mais especial são algumas flores bonitas em um jarro ou copo, um livro favorito para ler, seu diário e uma vela perfumada. Não deixe seu telefone, tablet ou laptop à vista o tempo todo; embora possa ser necessário manter contato com outras pessoas, principalmente se tiver filhos pequenos ou outras responsabilidades familiares, mantenha o telefone ao alcance da mão, mas não em um local onde sinta a necessidade de verificar constante-mente as chamadas ou mensagens.

Comece seu tempo de silêncio respirando profundamente três vezes e permitindo-se sentir a terra sólida sob seus pés, o poder que nos sustenta e nutre. Adicione um pouco de sal e algumas gotas de óleo essencial de lavanda ou sálvia a uma xícara de água e use-a para purificar o espaço em que está, borrifando-a em todos os cantos e também levemente sobre o corpo. Faça o chá, encontre um local confortável para se sentar ou se deitar e beba o chá lentamente e de forma consciente, pensando em como está se sentindo. Está ansiosa, feliz, triste, relaxada? Como está seu corpo? Leve, cansado, dolorido?

Caso tenha um diário, escreva todos os pensamentos e emoções que surgirem – sem censura! Quem você é por dentro, não quem as pessoas acham que veem todos os dias? Novamente, seja honesta. O que você precisa fazer para ser mais autêntica, para viver mais próxima de sua verdade? Continue tomando seu chá e respirando suave e silenciosamente, mesmo que esses pensamentos e perguntas a deixem um pouco ansiosa.

Depois, quando o chá terminar, acenda a vela, olhe para a chama constante por alguns instantes e diga essas palavras em silêncio ou em voz alta, como preferir.

Estou aqui neste momento precioso. Sou suficiente do jeito que sou e como sou. Escolho amar e cuidar de mim agora, assim como cuido das pessoas ao meu redor. Escolho me dar tempo para a quietude, a reflexão e a cura. Escolho trazer-me para a luz de meu próprio ser, para reconhecer o que realmente preciso e desejo. Bebo este chá com reverência silenciosa e permito que seu calor flua através de mim, trazendo novas esperanças, percepções e alegria. E assim é!

Observe que este também é um ritual de chá adorável para ser compartilhado com um grupo de almas que pensam da mesma maneira que você, uma oportunidade maravilhosa de se reunir em um ambiente descontraído e cuidar um pouco da alma e do corpo! Escolha algumas horas para passarem juntos – ou, melhor ainda, um dia inteiro.

Chás Antes de Dormir

Todo o conceito de "chá de pijama" nos leva naturalmente à hora de dormir, um momento do dia que deveria ser relaxante tanto para o corpo quanto para a mente, mas infelizmente nem sempre é, pois alguns de nós lutam para adormecer ou deixar de lado os problemas ou preocupações do dia! Entretanto, é de vital importância que descansemos bem após as 22 horas, pois esse é o momento de maior energia restauradora, quando o corpo digere, desintoxica e rejuvenesce.

Se, como eu, você tem dificuldade para adormecer ou permanecer dormindo, aqui estão algumas sugestões simples para um ritual suave na hora de dormir que pode ajudar. Em primeiro lugar, retire o telefone ou outros aparelhos eletrônicos e certifique-se de que seu quarto esteja em uma temperatura confortável, com iluminação suave. Eu gosto de usar velas, mas elas devem ser cuidadosamente monitoradas à noite para evitar a possibilidade de incêndio.

Adicione algumas gotas de óleo essencial a um queimador de óleo ou difusor, ou simplesmente adicione-as a um pouco de água destilada e borrife essa mistura no travesseiro. Os óleos particularmente adequados para isso são lavanda, bergamota, gerânio, rosa ou ylang-ylang. Há várias receitas de chá neste livro especificamente relacionadas ao relaxamento e a um sono melhor; prepare e tome um chá lentamente. Em seguida, deite-se na cama com os braços relaxados virados para o lado e com as palmas das mãos voltadas para cima. Feche os olhos e diga as seguintes palavras bem baixinho:

Obrigada, espíritos, por este dia, pelas lições aprendidas e pelos presentes dados. Esta noite eu descanso em paz e calma. Sou grata pela minha vida e por todas as bênçãos que tenho, visíveis e invisíveis. Sei que meus sonhos serão alegres e meu sono será calmo e repousante. E assim será!

Chá de Cúrcuma e outras Ervas para Dormir

Costuma-se dizer que uma bebida láctea antes de dormir pode nos ajudar a adormecer. Esta bebida calmante certamente fará exatamente isso. Pode ser preparada sem leite, se preferir, mas ela realmente funciona melhor com uma pitada de leite cremoso ou leite de nozes.

Coloque uma colher de chá de flores secas de lavanda, hortelã e erva-cidreira em uma caneca grande e despeje uma xícara de água fervente sobre as ervas. Deixe em infusão por 5 a 10 minutos, depois coe e coloque o líquido de volta na caneca. Acrescente ½ xícara de leite morno de sua preferência e um pouco de mel para adoçar. Por fim, acrescente ½ colher de chá de cúrcuma moída, que dará ao chá uma linda cor dourada! Sirva quente.

Chá Verde Curativo

Este chá de ervas contém muitos dons em seu calor perfumado. Sim, ele cura, em muitos níveis, tanto físicos quanto emocionais, mas também traz proteção contra energias negativas de todos os tipos, além de criar uma nova e maior abundância em nossa vida. É também um poderoso antioxidante e muito calmante e relaxante para o sistema.

Coloque 2 colheres de chá de erva de chá verde em uma xícara e, em seguida, adicione 1 colher de chá de folhas ou flores de camomila secas, 1 colher de chá de pétalas de calêndula secas e algumas folhas de urtiga frescas ou secas picadas. Despeje 1 xícara de água recém-fervida sobre as ervas, deixe em infusão por 10 a 15 minutos, coe e sirva.

Chá Calmante

Esta mistura é maravilhosa para aqueles momentos em que nos sentimos temerosos e estressados. Eu a uso o tempo todo, principalmente quando estou lutando para ter uma boa noite de sono devido a pensamentos intrusivos e ansiosos.

Combine 1 xícara de folhas de erva-cidreira e ½ xícara de folhas/flores de lavanda, folhas de gerânio perfumado, flores de camomila e folhas de confrei em uma jarra de vidro grande (tantos as ervas secas como as frescas são boas; use cerca da metade do material vegetal seco em comparação com o fresco). Despeje 6 xícaras de água fervente sobre as ervas e deixe em infusão por 10 a 15 minutos. Coe e deixe esfriar antes de despejar em uma jarra. Beba uma xícara do líquido aquecido conforme a necessidade; guarde o restante na geladeira, onde ele se manterá por 3 a 4 dias.

Uma excelente alternativa de chá de ervas para um sono tranquilo e calmo é feita com 2 partes de flores de camomila e 1 parte de flores/folhas de lavanda secas e raiz de valeriana seca.

Chá Refrescante para Limpeza

Não importa a época do ano, todos nós podemos sofrer com resfriados, gripes, febre do feno e outros problemas que nos deixam infelizes e esgotados. Esta é uma mistura simples de chá de ervas que pode ser armazenada e tomada no início de qualquer um desses problemas.

Coloque 1 colher de chá de folhas secas de tomilho e sálvia (esfareladas) no fundo da xícara de chá e, em seguida, adicione 1 pequeno pedaço de raiz de gengibre fresco picado e 1 colher de chá de raspas de limão fresco ralado. Despeje 1 xícara de água recém-fervida sobre as ervas e deixe em infusão por 10 minutos. Coe e sirva com 1 gota de mel e uma fatia fina de limão.

Chá para Imunidade

Muitas vezes precisamos aumentar nossos níveis de imunidade, especialmente em momentos de estresse ou exaustão física, seja qual for o motivo; um sistema imunológico saudável é nossa defesa mais forte contra o aparecimento de doenças, sejam elas crônicas ou agudas. Todos os ingredientes dessa mistura têm benefícios comprovados para a saúde e a imunidade e estão associados à cura e à proteção em todos os níveis: físico, emocional e espiritual.

Para obter uma xícara de saúde e imunidade, combine os seguintes ingredientes: 1 colher de chá de chá verde (ou matcha), 1 colher de chá de pétalas de calêndula secas e flores de sabugueiro secas, ½ colher de chá de cúrcuma moída e um pouco de casca de laranja fresca ou seca ralada finamente. Despeje 1 xícara de água recém-fervida sobre as ervas, mexa muito bem e deixe em infusão por 5 minutos, depois coe e sirva. Ao saborear essa mistura aromática, sinta seu calor e sua luz preenchendo e curando você de dentro para fora.

Barras Ensolaradas de Limão

Doces e atrevidos ao mesmo tempo, esses biscoitos em barra nos oferecem o calor brilhante do limão e a coragem do tomilho, lembrando-nos de nutrir e honrar a dádiva que é nosso corpo e espírito únicos. Se você tiver tomilho-limão, ele será perfeito aqui!

Preaqueça o forno a 180 °C.

Unte bem uma assadeira quadrada de 22 cm.

Você vai precisar de:

- ½ colher de chá de sal
- ½ xícara de açúcar
- ½ xícara de coco ralado fino
- ¾ de xícara de suco de limão fresco
- 1 ½ xícara de farinha para bolo, peneirada
- 1 barra de manteiga sem sal, amolecida
- 1 colher de sopa de folhas de tomilho picadas
- 1 lata de leite condensado
- 1 ovo
- Raspas finamente raladas de 1 limão

Bata a manteiga e o açúcar até obter um creme leve e fofo. Em seguida, acrescente a farinha, o coco e o sal, misturando bem para formar uma massa bem firme. Pegue cerca de um terço da massa, forme uma bola e coloque-a na geladeira. Pressione os dois terços restantes da massa uniformemente sobre a base da assadeira preparada, pique levemente com um garfo e asse por 5 a 10 minutos ou até dourar. Deixe esfriar na assadeira.

Para fazer o recheio, bata o leite condensado, o ovo, o suco de limão e as raspas; a mistura vai engrossar um pouco. Espalhe essa mistura uniformemente sobre a base de massa resfriada e polvilhe as folhas de tomilho finamente picadas por cima; em seguida, rale a parte resfriada da massa sobre o recheio. Asse por 25 a 30 minutos ou até que a cobertura esteja dourada. Deixe esfriar na forma, depois, polvilhe com açúcar de confeiteiro e corte em barras ou quadrados para servir. Eles se conservam bem por alguns dias em um recipiente hermético.

Rende aproximadamente 16 barras.

Biscotti de Amêndoas e Laranja

Eu cresci na África do Sul, onde todo mundo come biscoitos. No café da manhã, com chá, como um lanche rápido – você escolhe. Entretanto, meu pai italiano (que nunca tomava chá, apenas café, o mais escuro e forte possível), recusava-se a se referir a eles como *rusks* e, em vez disso, chamava-os pelo nome italiano de *biscotti*. Simples e deliciosos, independentemente do nome que você escolher, esses biscoitos parecem particularmente adequados para um chá relaxante em casa. Outra vantagem é que você pode trocar os sabores de acordo com sua preferência: limão em vez de laranja, nozes ou pecãs, frutas secas, gotas de chocolate, ervas cortadas como erva-cidreira ou lavanda...

Pré-aqueça o forno a 180 °C.

Forre uma assadeira de biscoitos grande com papel manteiga.

Você vai precisar de:

- ¼ de colher de chá de sal
- ¼ de xícara de suco de laranja fresco
- ½ xícara de amêndoas em flocos
- ¾ de xícara de açúcar
- 1 barra de manteiga sem sal, amolecida
- 1 ½ colher de chá de fermento em pó
- 2 ovos batidos
- 2 xícaras de farinha
- Raspas de uma laranja ralada

Peneire a farinha, o fermento em pó e o sal juntos. Em seguida, misture as amêndoas em flocos. Em uma tigela grande, bata a manteiga e o açúcar até obter um creme claro e fofo. Adicione os ovos, o suco de laranja e as raspas. Misture bem antes de acrescentar os ingredientes secos e bata até formar uma massa macia. Vire a massa na assadeira de biscoitos e modele-a em um rolo de aproximadamente 8 cm de largura por 38 cm de comprimento. Asse no forno preaquecido por 20 a 25 minutos, período em que a massa deve estar dourada e firme ao toque. Retire do forno e deixe esfriar na assadeira.

Use uma faca serrilhada para cortar cuidadosamente o rolo resfriado em cerca de 16 a 18 fatias; corte ligeiramente na diagonal para obter melhores resultados. Coloque as fatias de volta na assadeira e asse novamente por mais 10 minutos. (Isso dá aos *biscotti* a textura crocante tradicional.) Deixe esfriar completamente antes de armazenar em um recipiente hermético; estes biscoitos se conservam muito bem e, portanto, são perfeitos para um chá fácil ou para reuniões de última hora.

Scones de Mel e Banana

O mel e a banana dão sabor a esses scones macios e leves com calor e doçura e também os infundem com todas as propriedades curativas, como cura e prosperidade (mel) e espiritualidade e fertilidade (banana). São mais bem servidos quentes, de preferência com manteiga e um pouco mais de mel dourado.

Preaqueça o forno a 200 °C.

Unte bem uma assadeira grande.

Você vai precisar de:

- ½ barra de manteiga sem sal resfriada
- ½ colher de chá de noz-moscada moída
- ½ colher de chá de sal
- ½ xícara de leitelho (buttermilk)
- 1 banana grande e madura

- 1 ovo

- 2 colheres de sopa de açúcar

- 2 colheres de sopa de mel

- 3 xícaras de farinha

- 4 colheres de chá de fermento em pó

Peneire a farinha, o fermento em pó, o sal, o açúcar e a noz-moscada em uma tigela grande. Em seguida, corte a manteiga em pedaços pequenos e esfregue com os dedos até que a mistura se assemelhe a uma farinha de rosca grande. Em outra tigela, amasse muito bem a banana descascada e, em seguida, misture o mel, o ovo e o leitelho. Acrescente à mistura de farinha e bata bem até formar uma massa macia, mas manejável.

Pressione a massa com cuidado em uma superfície enfarinhada – ela deve ter cerca de 2,5 a 3,5 cm de espessura. Usando um cortador de biscoitos ou de scones, corte círculos e coloque os scones na assadeira preparada. Asse por 10 a 12 minutos ou até que eles estejam bem crescidos e levemente dourados. Deixe esfriar em uma grade e sirva o mais fresco possível!

Rende de 10 a 12 scones.

Quando ando,
ando com você.
Onde quer que eu vá,
você está sempre comigo.

Alice Hoffman

17

Chá da Deusa das Fadas

Quando eu era criança, tivemos a sorte de ter um jardim realmente lindo e mágico, cheio de árvores, flores e beleza verde, além de muitos caminhos pequenos e cantos e recantos interessantes. Naquela época, eu acreditava, e ainda acredito, que as fadas vinham brincar naquele lindo jardim entre os pássaros, as borboletas e as joaninhas! Minha mãe dava muitas festas de chá memoráveis quando eu era pequena, mas particularmente mágicas eram as festas de chá de fadas que ela ocasionalmente criava como um presente especial de aniversário para mim e minhas amigas. Eu tinha um daqueles minúsculos conjuntos de chá de porcelana salpicados de rosas e lembro-me de ela preparar xícaras de chá de jasmim e rosas, além de bolos em miniatura com cobertura rosa.

Mas as fadas não são apenas para crianças, livros de histórias e filmes da Disney, elas são para todos nós, quem quer que sejamos e onde quer que estejamos, como um lembrete brilhante e belo do potencial de alegria e encantamento que todos nós podemos encontrar em nossa vida cotidiana. Não importa a nossa idade, podemos nos abrir para a luz, a sabedoria e as bênçãos das fadas, e que melhor maneira de alcançar isso do que criar um chá mágico em sua homenagem?

Momentos simples de encontrar alegria apenas por estar vivo são os maiores presentes dos seres das fadas para nós. E a hora do chá é um momento liminar, um momento entre mundos e realidades cotidianas, portanto, é a introdução e a abertura perfeitas para os mundos das fadas também. Elas nos lembram de que carregamos uma magia brilhante dentro de nós mesmos, e é esse encantamento que podemos trazer para nossa vida e maneiras de ser todos os dias. (Lembre-se de que, se você notar joaninhas em seu jardim, é um sinal claro da presença das fadas, pois elas adoram joaninhas e costuma-se dizer que as têm como animais de estimação).

As fadas adoram bolos, leite, mel e todas as pequenas oferendas doces, ou seja, essas coisas devem fazer parte do seu chá das fadas. Obviamente, elas também adoram muitas cores, brilhos e flores, portanto, deixe suas mesas tão brilhantes e bonitas quanto possível!

Esta é uma simples bênção e boas-vindas que você pode compartilhar para incentivar a presença das fadas em sua mesa de chá:

Neste belo momento, todas as bênçãos e a magia são nossas.
Escolhemos nos afastar do mundo cotidiano para outro lugar
– um lugar encantado, onde podemos brincar com as fadas e nos
lembrar da magia que existe dentro de nós.
Essa magia está sempre conosco e pedimos às fadas que se juntem
a nós nesta simples celebração de felicidade e inspiração.
E assim é!

Purpurinas das Fadas

Esta mistura perfumada, que se assemelha a um simples pot-pourri, pode ser colocada em pequenas tigelas na mesa de chá ou adicionada a pequenos frascos de vidro que são enfeitados com fitas e pequenas miçangas brilhantes para fazer frascos de desejos de fadas – um lindo brinde ou lembrancinhas de festas.

Você vai precisar de 1 punhado de folhas ou flores secas de lavanda e o mesmo de agulhas de pinheiro, além de um pouco de alecrim e sálvia secos. Misture em uma tigela pequena e, em seguida, adicione 6 gotas de óleo essencial de sândalo e 2 gotas de óleo essencial de rosa. Adicione 1 colher de sopa de cristais de sal rosa do Himalaia e misture bem. Você também pode acrescentar algumas pétalas de flores secas, como rosa, centáurea ou calêndula, para dar um toque de cor. Esta mistura pode ser conservada por algumas semanas e tem muitas propriedades mágicas e protetoras, assim como as próprias fadas!

Chá e Elixir Mágico para Enxergar Fadas

Se quiser ver as fadas, você fará bem em usar esta delicada mistura de chá, que também pode ser utilizada para fazer uma aspersão mágica para borrifar levemente em torno de si mesma, em seu jardim ou em sua casa.

É muito simples de fazer. Pegue algumas flores de hibisco, um punhado de pétalas de calêndula e o mesmo número de folhas de tomilho e despeje uma xícara de água recém-fervida sobre elas. Acrescente um punhado de pétalas de rosa secas e algumas gotas de essência de flor de rosa, se tiver. Beba como um chá ou deixe esfriar e use o líquido como um belo e encantador elixir para o corpo e a casa.

Chá Desejos das Fadas

Esta mistura de chá perfumado ajudará seus desejos a se tornarem realidade? Somente as fadas sabem a resposta a esta pergunta, mas bebericar este chá certamente não fará mal algum – lembre-se de colocar um pouco em uma xícara pequena e deixá-la para as criaturas aladas desfrutarem também! Esta mistura de chá perfumado incentiva a positividade e é uma perspectiva ensolarada.

Para uma mistura de chá seco, misture os seguinte itens e armazene em um frasco de vidro hermético: 2 partes de folhas ou flores de camomila secas, 1 parte de folhas de chá verde, erva-cidreira e pétalas de calêndula e 1 punhado de pétalas de rosa secas. Use 2 colheres de chá dessa mistura por xícara de água quente, deixe em infusão por 10 minutos, coe e sirva. Um pouco de casca de limão seca também pode ser polvilhada sobre o chá. Tome um gole lentamente e esteja aberto aos sussurros e ao incentivo das fadas ao seu redor, mesmo que elas estejam preferindo permanecer invisíveis!

Chá Refrescante de Borragem

As fadas, assim como as abelhas e as borboletas, adoram as belas e brilhantes flores da borragem, e todos nós podemos nos beneficiar da mensagem positiva de alegria e coragem associada a essa antiga erva. Esta é uma mistura de chá gelado que é maravilhosa para ser servida em chás de verão no jardim.

Coloque 2 xícaras de folhas de borragem em uma jarra grande e acrescente a casca e o suco de 1 limão grande. Acrescente 6 cravos-da-índia e 1 punhado de folhas de hortelã fresca. Despeje de 5 a 6 xícaras de água fervida sobre as ervas, deixe em infusão por 10 minutos, coe e deixe esfriar. Dilua em água mineral com gás ou suco de maçã sem açúcar antes de servir com bastante gelo. Decore com flores de borragem frescas.

Chá de Dente-de-leão para Adivinhação

Para ver as fadas e seus reinos encantados, precisamos olhar com os olhos internos do nosso coração e alma e ver além da visão, como às vezes se diz. Os dois ingredientes florais deste chá simples e fresco estão ligados aos poderes da adivinhação e à abertura de novos e diferentes portais de possibilidades.

Basta colocar um punhado de pétalas e folhas frescas de dente--de-leão e de calêndula em sua xícara e despejar uma xícara de água recém-fervida sobre elas. Acrescente uma fatia de laranja ou limão fresco e deixe a mistura em infusão por 5 minutos. Coe e sirva adoçado com mel.

Chá Reinos Mágicos para Meditação

Esta é outra mistura simples para usar em celebrações de chá das fadas ou, de fato, sempre que quiser entrar em um estado tranquilo e receptivo para magia e meditação. Os ingredientes a seguir estão relacionados à inspiração, energias positivas e ao fluxo de beleza e alegria dentro e fora do nosso ser.

Para uma xícara, você vai precisar de 2 colheres de chá de hortelã (fresca ou seca), 1 colher de chá de flores de camomila secas (ou abra um saquinho de chá de camomila e use-o) e uma pitada de pétalas de rosa secas. Despeje 1 xícara de água recém-fervida sobre as ervas, deixe em infusão por 5 minutos, coe e sirva enquanto inala a fragrância pacífica do chá e permite que ela permeie seu ser em todos os níveis.

Barras de Merengue de Morango

As fadas gostam particularmente de frutas vermelhas de todos os tipos, portanto, estes pequenos biscoitos em barra são o complemento perfeito para o cardápio do Chá da Deusa Fada. Se preferir, pode usar outras conservas, como as de amora ou framboesa.

Preaqueça o forno a 180 °C.

Unte muito bem uma assadeira quadrada de 20 cm.

Você vai precisar de:

- ¾ de xícara de açúcar
- 1 xícara de conservas de morango
- 1 xícara de manteiga amolecida
- 1 ½ xícara de coco ralado adoçado
- 2 claras de ovos
- 2 xícaras de farinha para bolo

Misture o coco e as claras em uma tigela pequena e reserve. Bata a manteiga e o açúcar até que a mistura fique leve e fofa. Em seguida, acrescente a farinha aos poucos para obter uma massa firme, mas maleável. Pressione a massa uniformemente sobre a base da assadeira e pique toda ela com um garfo. Asse por 25 minutos ou até obter uma cor dourada clara.

Retire do forno e espalhe a geleia por cima, seguida da mistura de coco. Volte ao forno e asse por mais 15 minutos. Deixe esfriar na forma e corte em quadrados ou barras. Eles se conservam bem em um recipiente hermético por alguns dias.

Rende de 12 a 16 quadrados ou barras.

Sanduíches Cremosos de Hortelã e Pepino

Verdes e frescos, estes petiscos são uma atualização dos tradicionais sanduíches de pepino servidos nos chás da tarde. Lembro-me de minha mãe os fazendo, e até mesmo quem não gostava de pepino realmente os apreciava, talvez fosse por causa de sua deliciosa maionese caseira! Eu os considero o alimento perfeito para um chá das fadas, pois elas adoram o verde em todos os seus tons e permutações. Você verá que essa receita é bastante flexível e não prescritiva; o único item essencial é o pão branco macio, pois esses sanduíches perdem um pouco de sua delicadeza quando feitos com pão integral ou marrom.

Você vai precisar de:

- 1 ou 2 pepinos médios
- 1 xícara de maionese
- 2 colheres de chá de suco de limão
- 12 fatias de pão branco fresco
- Algumas cebolinhas frescas
- Manteiga sem sal, amolecida
- Páprica moída (opcional)
- Um punhado de hortelã fresca

Primeiro, descasque os pepinos e corte-os em fatias bem finas. Coloque-os sobre papel toalha por um tempo – isso absorve a umidade e evita que os sanduíches fiquem encharcados.

Remova a casca do pão e espalhe manteiga amolecida em seis fatias finas. Combine a maionese com o suco de limão e espalhe uma camada fina sobre a manteiga. Disponha as fatias de pepino por cima. Em seguida, espalhe a hortelã e a cebolinha por cima. Se desejar, polvilhe com páprica moída. Cubra com as fatias de pão restantes, corte cuidadosamente cada sanduíche em quatro quartos e, em seguida, arrume-os em um prato de servir e cubra com filme plástico. Leve à geladeira até o momento de servir; eles devem estar tão frescos quanto um pepino!

Rende 24 pedaços pequenos de sanduíche.

Bolo Borboleta

Esta é a maneira mais tradicional e bonita de transformar cupcakes comuns em algo um pouco mágico! Você pode substituir a baunilha por 1 colher de chá de água de rosas ou polvilhar 1 colher de sopa de flores de lavanda finamente picadas na massa.

Preaqueça o forno a 180 °C.

Unte bem 12 formas de muffins ou forre-as com papel adequado.

Você vai precisar de:

- ½ colher de chá de sal
- ½ xícara de leitelho (buttermilk)
- 1 ½ xícara de coco ralado adoçado
- 1 ½ xícara de farinha para bolo
- 1 barra de manteiga sem sal, amolecida
- 1 colher de chá de extrato de baunilha
- 1 xícara de açúcar
- 2 colheres de chá de fermento em pó
- 2 ovos

Bata a manteiga e o açúcar até obter um creme claro e fofo. Bata os ovos e adicione-os à mistura de manteiga, com o extrato de baunilha. Peneire a farinha, o fermento em pó e o sal e misture à mistura de manteiga, alternadamente com o leitelho, até obter uma massa lisa e cremosa. Divida-a entre as forminhas de muffin preparadas e asse por 20 a 25 minutos ou até que os cupcakes estejam bem crescidos e levemente dourados. Deixe esfriar em uma grade.

Quando os bolos estiverem frios, use uma faca afiada para cortar a parte superior abobadada de cada cupcake e corte-a ao meio. Espalhe ou passe glacê na parte superior do cupcake. Em seguida, arrume os dois pedaços de bolo em um ângulo um do outro para que se assemelhem a asas. Decore como quiser: polvilhe com cores pastéis ou com açúcar de confeiteiro ou use algumas flores frescas, como lavanda ou pequenas flores de tomilho.

Cobertura das Fadas

Bata 1 barra de manteiga sem sal amolecida com 2 xícaras de açúcar de confeiteiro até obter um creme claro e fofo. Acrescente um pouco do aroma de sua preferência, como extrato de baunilha ou água de rosas. Talvez seja necessário adicionar um pouco mais de açúcar se a cobertura ficar muito líquida. A cobertura rosa fica muito linda; adicione 1 colher de sopa de purê de framboesa ou morango fresco à cobertura ou confira outras opções de cobertura natural on-line.

A natureza não tem pressa,
mas tudo é realizado.

Lao Tzu

18

UM CHÁ VERDE SELVAGEM

Seja você quem for, independentemente de onde mora ou do que faz, sua natureza inata é e sempre será selvagem... tanto quanto os ventos e as águas, os pássaros e as borboletas, as árvores e as flores. Somos, ao mesmo tempo, da terra e para a terra, nosso belo e nutritivo útero e lar. No entanto, muitas vezes nos esquecemos dessa verdade, consciente ou inconscientemente, ao tentarmos navegar pelo que pode parecer uma vida cada vez mais barulhenta e complicada.

Talvez precisemos nos conectar novamente com a força vital inata que nos cerca – a força vital que oferece a todos nós paz, esperança e cura do corpo e do espírito. O paraíso não está longe, em algum reino místico ou no futuro; ele está bem aqui, ao nosso redor. Só precisamos aprender (novamente?) a vê-lo, honrá-lo e, acima de tudo, a nos tornarmos parte dele.

Você pode estar se perguntando o que isso tem a ver com chá. Os chás que bebemos, seja para a saúde, para a magia ou para o simples prazer, também estão repletos das dádivas da terra e se tornam parte de nosso ser da mesma forma que a terra. Pois é nos espaços selvagens e também nos jardins cultivados que estamos mais próximos de nossos eus selvagens e livres – eus que muitas vezes (especialmente as mulheres) deixamos de lado ao longo do caminho em nossa tentativa de preencher papéis e padrões preestabelecidos – às vezes impostos a nós pelas expectativas dos outros, às vezes por nosso próprio desejo de nos encaixar e não balançar nenhum barco!

Atualmente, poucos de nós desconhecem o conceito japonês de *shinrin-yoku*, ou "banho de floresta". Trata-se de um ritual calmante e curativo que envolve simplesmente passar um tempo em silêncio em uma floresta ou outro espaço verde, caminhando lentamente ou sentando em pensamentos tranquilos enquanto permitimos que o ambiente faça sua mágica em nossos corpos e mentes. Está comprovado que as plantas liberam substâncias químicas chamadas "fitoncidas", que ajudam a curar e a equilibrar nosso sistema imunológico. Isso faz com que fiquemos mais conectados e menos estressados, nossa respiração fica mais lenta e nossa pressão arterial diminui.

Há uma bela expressão japonesa que pode ser traduzida como "flor-pássaro-vento-lua"; basicamente, ela significa a contemplação da beleza da natureza e, portanto, de nossa própria beleza e magnificência. Podemos encontrar nosso verdadeiro ritmo em espaços verdes selvagens e nos lembrarmos de quem e o que realmente somos.

Aqui estão alguns pensamentos e ideias de uma cerimônia ou reunião com um chá verde selvagem que criei no ano passado no início do verão.

Em primeiro lugar, admito que tenho muita sorte por morar em um espaço verde e selvagem – basta eu sair de casa para me encontrar em meio a uma floresta! Um lugar perfeito para convidar um pequeno grupo de amigos com a mesma opinião para passarmos a manhã pensando, meditando e compartilhando chá – uma simples celebração da terra, de sua beleza e de nós mesmos. Começamos o chá verde selvagem com uma hora de caminhada pelo terreno ou sentados e deitados na terra em silêncio; não eram permitidos telefones! Descalços e com roupas largas e confortáveis, nós nos permitimos absorver os sons, os cheiros e as energias da terra ao nosso redor. Também sugeri que as pessoas trouxessem um pequeno caderno e uma caneta para registrar quaisquer pensamentos ou emoções que pudessem surgir durante o período que estivessem lá.

Mais tarde, nós nos reunimos em uma longa mesa de madeira na qual eu havia colocado xícaras e algumas tigelas pequenas contendo diferentes ervas secas. Havia uma pequena etiqueta em cada tigela indicando o nome da erva e suas propriedades curativas ou mágicas. Sugeri que cada membro do grupo pensasse sobre qual chá de ervas seria mais significativo ou útil para ele no momento atual de sua vida e, em seguida, fizesse uma mistura apropriada em sua xícara.

Em seguida, acrescentei um pouco de água de nascente recém--fervida em suas xícaras. Gostaria de dizer que fiz uma fogueira para ferver a água esfregando dois gravetos juntos, mas a verdade é que trouxe um pequeno queimador de gás de casa para essa tarefa; gosto de simplificar as coisas quando posso! Sentamos e tomamos nossos chás em silêncio, pensando e contemplando. Depois, compartilhamos alguns pensamentos sobre o que aquele tempo significou e como sentimos que poderíamos ser mais plenamente selvagens em nossa vida.

Também comemos alguns lanches simples baseados na terra – mais uma prova dos muitos presentes que recebemos de nossa mãe verde todos os dias.

Para encerrar a manhã, ficamos em volta da mesa de mãos dadas e dissemos as seguintes palavras juntos:

Ao ficarmos de pé, caminharmos e nos movimentarmos neste belo lugar, lembramo-nos como somos abençoados todos os dias pelo espírito de nossa Mãe Terra e por sua gentil sabedoria e orientação. Somos lembrados de nossa natureza selvagem e de que somos livres e cheios de possibilidades. Como as flores e as árvores, estamos crescendo e florescendo em nossa magnificência. Como os pássaros, temos uma canção para cantar. Como as borboletas, podemos nos elevar. Acima de tudo, podemos honrar a nós mesmos e nossos espíritos selvagens todos os dias que temos nesta terra mágica e verde. Abençoados sejam. E assim é!

É claro que você também pode usar este ritual do chá quando estiver só – na verdade, acho que, às vezes, o maior impacto do banho na floresta ocorre quando caminhamos em solidão e silêncio, abertos às palavras interiores do coração.

Chá de Verbena com Rosas

Um chá tão simples e delicado para momentos tranquilos na natureza – até mesmo as cores suaves do verde e do rosa são um belo lembrete das dádivas do jardim. Aparentemente, ele é útil para indigestão, mas para ser bem sincera, este é um chá que adoro por sua simplicidade suave; sempre mantenho um frasco da mistura em minha despensa e levo um frasco de chá comigo em dias passados em jardins e florestas.

Você vai precisar de 1 xícara de chá verde chinês, ½ xícara de pétalas ou botões de rosas secas e ¼ de xícara de folhas secas de lemon verbena. Basta misturá-los com as mãos e armazenar o chá em um frasco ou lata hermética. Use 1 colher de sopa cheia para um bule de chá (3-4 xícaras).

Chá Verde Ritual

Esta receita foi originalmente desenvolvida para ser usada em rituais de Lua cheia, mas hoje em dia considero sua magia de ervas e flores ideal para qualquer momento passado ao ar livre em lugares verdes. Este ritual é simplesmente lindo e edificante em todos os níveis, para o coração e a mente. Beba o chá lentamente e de forma consciente quando estiver em um jardim ou floresta e abra-se para as mensagens que está recebendo das plantas, árvores, pássaros e outras pequenas criaturas que compartilham esse espaço.

Para fazer uma xícara desse chá mágico, combine 1 punhado de flores frescas de sabugueiro com 2 a 3 ramos de lavanda, 1 saquinho de chá de jasmim, ½ colher de chá de folhas secas de mil-folhas e 3 vagens de cardamomo esmagadas. Despeje 1 xícara de água recém-fervida sobre as ervas, deixe em infusão por 5 a 10 minutos. Coe e sirva adoçado com mel.

Chá Verde Espiritual

Muitas vezes, quando percebemos que precisamos voltar às nossas raízes (por assim dizer) e reencontrar nosso coração verde e selvagem, já estamos esgotados, desanimados e sem alegrias na nossa vida. Este chá – que mais uma vez usa meu aliado favorito dos chás de ervas, o chá verde – proporciona uma leve elevação e um antídoto para este humor triste e vazio.

Para cada xícara, você vai precisar de 1 saquinho de chá verde ao qual adicionará 1 colher de sopa de pétalas de rosa secas e 1 colher de chá de folhas de dente-de-leão secas e urtiga seca finamente picada. Despeje 1 xícara de água recém-fervida sobre as ervas, deixe em infusão por 10 minutos, coe e sirva com 1 canela em pau.

Infusões Simples de Ervas e Frutas

Estas infusões frias simples, refrescantes e purificadoras são preparadas na noite anterior e levadas com você em suas viagens com chá verde selvagem. Em todo caso, misture as frutas fatiadas e as ervas picadas (ou outros ingredientes) em uma jarra de vidro grande, despeje 850 ml de água mineral ou de nascente sobre as ervas, cubra a jarra e deixe-a na geladeira durante a noite.

Experimente as seguintes combinações:

- Pepino, limão fatiado e folhas de manjericão finamente picadas.
- Laranja, hortelã picada e sementes de erva-doce.
- Amoras e folhas de sálvia fresca.
- Fatias de maçã, alguns ramos de alecrim e um pouco de canela.

Pão Sírio de Cominho com Pesto

Um prato desses pequenos pães coberto com pesto caseiro é o complemento perfeito para um chá verde selvagem, e a beleza de fazer seu próprio pesto é que você pode escolher suas ervas favoritas ou usar aquelas que parecem particularmente apropriadas para a ocasião. Os pães achatados podem ser feitos com até cinco dias de antecedência e armazenados em um recipiente hermético.

Preaqueça o forno a 160 ºC.

Unte bem 1 ou 2 assadeiras grandes.

Você vai precisar de:

- ½ colher de chá de sal marinho em flocos
- ¼ de xícara de azeite de oliva
- ¼ de xícara de iogurte natural
- 1 colher de chá de fermento em pó
- 2 colheres de chá de sementes de cominho
- 2 xícaras de farinha, peneirada

Misture a farinha, o fermento em pó, as sementes de cominho e o sal em uma tigela grande. Acrescente o iogurte e o azeite de oliva e misture com as mãos, adicionando apenas água fria suficiente para formar uma massa macia, mas não pegajosa. Quando a massa estiver lisa e bem combinada, estenda-a em uma superfície enfarinhada até ficar com cerca de ½ cm de espessura. Corte a massa em círculos com cerca de 5 cm. Disponha os círculos nas assadeiras – talvez seja necessário assar os pães em lotes – e asse por 5 minutos ou até que os pães estejam dourados e crocantes. Cubra cada um dos pães com uma colherada de pesto (veja a próxima receita) antes de servir. Esses pães também são ótimos para acompanhar molhos e sopas.

A Mágica do Pesto 101

Adoro fazer molho pesto e adaptá-lo a um evento específico ou apenas com o que tenho na minha horta. Embora o pesto tradicionalmente inclua nozes, eu geralmente não as incluo, pois muitas pessoas que conheço são alérgicas – no entanto, você sempre pode acrescentar um pequeno punhado de pinhões, nozes-pecã ou amêndoas finamente picadas, se preferir. Você realmente precisa de um processador de alimentos ou liquidificador para fazer pesto, mas se tiver muita energia, também pode usar um pilão e um almofariz.

Para fazer um dos meus pestos favoritos, você vai precisar de 1 xícara de folhas frescas de manjericão, salsa fresca de folhas planas e 3 dentes de alho fresco descascados e picados. Coloque-os em um processador de alimentos e pulse até que estejam finamente picados; adicione as raspas de 1 limão pequeno, aproximadamente ½ xícara de azeite de oliva e ¼ de xícara de queijo parmesão finamente ralado. Processe até que o pesto esteja bem amalgamado e bastante homogêneo – não deve haver folhas grandes ou pedaços de caule na mistura. Prove e adicione um pouco de sal e pimenta, se necessário, depois coloque em um pote hermético e guarde na geladeira. Pode ser mantido por algumas semanas.

Outras ervas que funcionam bem no pesto são cebolinha, coentro ou hortelã. Você também pode adicionar um pimentão verde ou vermelho picado à mistura se quiser uma versão mais picante. Para uma versão de chá verde selvagem, use urtigas picadas no lugar da salsa.

Cheesecake Japonês

Este delicado *cheesecake* sem crosta é leve e suavemente perfumado com sabores de chá verde e jasmim. No Japão, há muitas versões desse doce, mas esta é a que considero a homenagem mais adequada aos banhos de floresta, uma parte essencial de qualquer vida verde e selvagem (e chá)! Use um *cream cheese* integral para esta receita e observe também que você pode usar baunilha ou limão como aromatizante, se preferir. O *cheesecake* é assado em banho-maria para garantir que mantenha sua textura macia e cremosa, portanto, você vai precisar de um prato refratário bastante fundo para colocar a forma de bolo enquanto assa.

Preaqueça o forno a 180 °C.

Forre uma forma de bolo funda de 18 a 20 cm e unte-a bem.

Você vai precisar de:

- ½ xícara de leite ou creme de leite light
- ⅔ de xícara de açúcar superfino
- 1 colher de sopa de amido de milho
- 1 colher de sopa de suco de limão
- 2 colheres de sopa de farinha para bolo
- 2 colheres de sopa de manteiga

- 2 saquinhos de chá verde e de chá de jasmim
- 5 ovos, separados
- 220 g de *cream cheese* macio

Aqueça levemente o leite ou o creme de leite com os saquinhos de chá para permitir a infusão dos sabores. Coe o líquido e misture com o *cream cheese* para obter uma mistura homogênea. Bata o açúcar e as gemas de ovo e adicione à mistura de *cream cheese*. Acrescente a manteiga, a farinha e o amido de milho e bata bem. Em outra tigela, bata as 5 claras de ovo com o suco de limão até ficarem firmes, mas não secas; incorpore delicadamente à massa de *cream cheese*. Despeje a massa na forma de bolo preparada e envolva duas camadas de papel-alumínio na parte externa para evitar que a água entre na forma. Coloque uma assadeira funda com água quente no forno e, com cuidado, coloque a forma dentro dela. Asse por 30 a 35 minutos, depois abaixe a temperatura do forno para 160 °C e continue assando por mais 20 a 25 minutos. O *cheesecake* deve estar dourado, crescido e levemente firme ao toque. Deixe esfriar na forma e remova cuidadosamente somente quando estiver totalmente frio. Leve à geladeira até o momento de servir. Este *cheesecake* é maravilhoso servido com um pouco de chantilly e um pouco de coalhada de limão ou frutas vermelhas frescas ao lado.

Serve de 6 a 8 pessoas.

Barras Verdes Mágicas

Estas são provavelmente uma das coisas mais deliciosas e simples de fazer neste livro! Um complemento perfeito para um chá na natureza, pois são facilmente transportadas e se conservam bem. Esta receita é muito flexível, pois você pode misturar e combinar os ingredientes de acordo com seu gosto pessoal e com o que tem disponível em sua cozinha. Gosto de usar amêndoas, macadâmias e pistache sem casca por sua bela cor verde.

Unte uma forma de bolo quadrada de 20 cm, caso você prefira, pode optar por usar papel manteiga.

Você vai precisar de:

- ½ xícara de nozes mistas picadas
- ½ colher de chá de cardamomo moído
- ¼ de xícara de frutas secas picadas
- ¼ de xícara de óleo de coco
- ⅛ de xícara de mel ou xarope de bordo
- 1 xícara de coco seco ralado
- 1 xícara de aveia em flocos (não instantânea)
- Uma pitada de sal

Basicamente, tudo o que precisa fazer é colocar todos os ingredientes, exceto o óleo de coco, em uma tigela grande e misturar bem. Aqueça suavemente o óleo de coco e, em seguida, despeje-o sobre os ingredientes secos e misture até formar uma massa pegajosa – uma bagunça, mas continue! Talvez seja necessário adicionar um pouquinho de água morna para garantir uma massa uniforme. Pressione a massa na forma de bolo preparada e leve à geladeira enquanto faz a cobertura.

Cobertura

Em uma panela pequena, aqueça ⅓ de xícara de mel ou xarope de bordo, ¼ de xícara de cacau cru em pó, ½ colher de chá de extrato de baunilha e ⅓ de xícara de óleo de coco. Quando a mistura estiver bem combinada e espessa, retire do fogo. Deixe esfriar antes de espalhar sobre as barras de nozes. Polvilhe com algumas ervas finamente picadas de sua escolha (possivelmente hortelã, erva-cidreira ou tomilho) ou polvilhe com flores de lavanda secas esmagadas. Corte em barras ou quadrados e mantenha em um recipiente hermético até o momento de servir.

Rende de 12 a 16 quadrados ou barras.

Onde quer que você vá, não importa o clima, sempre leve seu próprio raio de sol.

Anthony J. D'Angelo

19

CHÁ NO JARDIM

O simples fato de estar em um jardim é curativo e uma aventura para todos os nossos sentidos. Um oásis e um santuário para a mente, o corpo e o espírito. No jardim há cor, fragrância, som, sabor e o calor do sol para nossa bênção e encantamento. Para nós, Bruxas da cozinha, o jardim é uma extensão da nossa casa, do nosso lar – um lugar onde podemos usar e celebrar a generosidade da terra na forma de flores, ervas, frutas, folhas e muito mais.

Pessoalmente, acho que tomar chá entre as flores é a coisa mais bonita que se pode fazer – e mesmo que não tenha um espaço de jardim pessoal, espero que consiga encontrar um jardim público que se torne um lugar de rejuvenescimento e paz para você. Um jardim também é um espaço sagrado e de cura onde a mente se torna aberta e mais receptiva à magia suave da natureza. Flores, ervas, árvores e outras plantas realmente possuem muitas propriedades espirituais, metafísicas e práticas que podem enriquecer nossa vida em todos os níveis.

O chá entre as flores pode, é claro, ser tão simples quanto levar uma jarra de chá quente (ou de chá gelado) e alguns biscoitos ou sanduíches e levá-los para o espaço do jardim, seja sozinha, seja com algumas pessoas especiais. Na verdade, os chás de piquenique no jardim são uma ideia adorável, em geral, com cada pessoa recebendo sua própria caixinha ou cesta com uma caneca, um saquinho de chá e algumas guloseimas. Um amigo meu usa caixas de metal estilo bento japonês para isso, as quais funcionam muito bem e têm a vantagem de serem resistentes e reutilizáveis.

O chá entre as flores também pode ser uma forma verdadeiramente mágica de comemorar uma ocasião especial, como um aniversário, um novo bebê ou um casamento. Recentemente, numa tarde de final de verão maravilhosamente ensolarada e quente, participei de um *handfasting* realizado em um belo jardim selvagem não muito longe de minha casa.

Tudo tão natural e bonito, com mesas e cadeiras de madeira, canecas de cerâmica e pratos de comidas simples, além de jarros de flores silvestres – margaridas, dentes-de-leão, rosas silvestres e ervas de todos os tipos. Algumas dessas flores também foram espalhadas pelo local onde o casal se posicionou para assumir o compromisso um com o outro. Após a cerimônia, sentamos, conversamos e ouvimos uma música tranquila e, antes que percebêssemos, as sombras estavam se alongando na grama e a tarde já estava quase no fim...

Como presente final, as flores foram reunidas em pequenos ramos, amarradas com fitas brilhantes e entregues aos convidados que partiam. Ainda tenho as minhas, secas, em um velho jarro azul. É um lembrete de como momentos simples podem se tornar lembranças duradouras.

Mesmo que você não tenha uma ocasião especial para comemorar hoje, por que não celebrar a alegria de estar vivo neste nosso lindo Planeta verde? Pegue algumas flores ou ervas e espalhe-as pelo local onde você vai tomar o chá. Sente-se em silêncio (individualmente ou em grupo) e respire lentamente e com intenção por alguns instantes. Antes de tomar o chá, compartilhe quaisquer pensamentos, orações ou desejos que possa ter. Neste momento, você também pode escrever em seu diário. Coma e beba com atenção, observando o ambiente ao seu redor – os pássaros e seus cantos, borboletas e abelhas, a cor e a fragrância das plantas.

Quando o chá terminar, agradeça:

O jardim nos cura em muitos níveis. Somos realmente gratas por este breve momento de tempo e beleza. Estamos aqui. Tudo está como deveria estar. Somos abençoadas. E assim é!

Por fim, pegue algumas pequenas lembranças do dia – talvez uma folha caída ou um seixo macio. E não se esqueça de derramar algumas gotas de chá na base de uma árvore próxima, agradecendo pelas dádivas do jardim. Se houver uma fonte ou algum tipo de água corrente – como um riacho, por exemplo –, próximo a seu jardim, salpique algumas folhas ou flores nele e permita que a água corrente leve seus desejos e sonhos para essa fonte e mãe de todos nós.

Fazendo Tussie-Mussies

Essas pequenas flores são o enfeite de mesa perfeito para um chá floral e podem ser dadas a cada convidado para que levem para casa como lembrança de um belo dia. Originalmente, os tussie-mussies eram carregados na Idade Média não apenas para afastar os odores nocivos que faziam parte da vida cotidiana, mas também para conferir proteção contra doenças e enfermidades. É possível usar infinitas variações de ervas e flores para fazer esses buquês, mas todas elas devem ser o mais perfumadas possível.

O centro geralmente é uma rosa altamente perfumada (ou possivelmente algumas violetas perfumadas), em torno da qual são colocadas folhas prateadas emplumadas, como artemísia ou lavanda; o buquê é então amarrado firmemente com barbante de algodão. Continue a construir os círculos do tussie-mussie com um círculo de hortelã ou lavanda e, em seguida, um círculo de erva-cidreira, sálvia ou alecrim. Termine com um círculo de folhas de gerânio perfumadas e amarre o buquê inteiro com firmeza. Coloque os tussie-mussies em pequenos copos de água para mantê-los frescos. Eles também secam bem e podem ser guardados por muito tempo, especialmente se for adicionado um pouco de óleo essencial adequado para revitalizar a fragrância.

Chá Jardim de Provence

Prepare um lote deste delicado chá floral baseado na tradicional mistura de ervas da Provence e sirva-o em um jardim. As flores e as ervas lhe proporcionarão uma suave sensação de bem-estar, paz e beleza!

Esta receita é parcial para que você possa adaptá-la às suas necessidades pessoais; ela se conserva bem em um pote ou lata.

Combine 2 partes de orégano seco ou manjerona e 2 partes de folhas e flores de lavanda secas e esfareladas com 1 parte de alecrim seco, tomilho e pétalas de rosa. Adicione uma pitada de sementes de erva-doce secas e use para fazer chá na proporção de 1 ½ colher de chá para uma xícara de água fervente.

Chá Gelado de Rooibos, Mel e Hortelã

Com ou sem um toque extra, esta é uma bebida refrescante para ocasiões de verão ou para servir ao ar livre. Considero o chá de rooibos bastante forte e dominante por si só, por isso prefiro misturá-lo a outras ervas e ingredientes.

Em uma jarra, coloque 4 saquinhos de chá de rooibos em infusão em 3 xícaras de água fervente por pelo menos 10 minutos. Coe e adicione mel a gosto. Quando o chá estiver frio, coloque-o em uma jarra de vidro grande e adicione 4 xícaras de água com gás. Deixe esfriar bem. Pouco antes de servir, acrescente ½ xícara de Southern Comfort (opcional) e 1 punhado de folhas de hortelã amassadas. Mexa e sirva com gelo.

Rende cerca de 7 xícaras de chá gelado.

Chá Curativo do Jardineiro

A jardinagem é adorável, mas não se pode negar que ela exige muito dos músculos e das articulações! Esta receita, que é maravilhosamente calmante para dores nas costas e nas mãos, foi adaptada do adorável *Book of Kitchen Witchery de Cerridwen Greenleaf*. Novamente, forneci a receita parcialmente para que você possa ajustá-la de acordo com as quantidades de ervas secas que tiver.

Misture 2 partes de equinácea e camomila secas com 1 parte de hortelã seca e 1 parte de sementes de anis e folhas de tomilho secas. Armazene esta mistura em um frasco ou lata hermética e adicione 1 a 2 colheres de chá a 1 xícara de água fervente. Deixe em infusão por 10 minutos, coe e sirva adoçado com um pouco de estévia ou mel, se desejar. Essa é uma tisana relaxante e energizante após um longo dia no jardim.

Chá de Pot-pourri

O pot-pourri, ou o uso de ervas secas ou frescas, flores e outras plantas aromáticas para fazer misturas perfumadas para a casa, é uma arte antiga, que ganhou uma reputação negativa nas últimas décadas, devido à proliferação de alguns produtos comerciais realmente horríveis e falsos que se disfarçam com este nome. No entanto, a fabricação do verdadeiro pot-pourri é uma tradição verde adorável e que todos nós deveríamos experimentar pelo menos uma vez na vida – mas enquanto isso, aqui está uma receita de um chá simples que nos traz a cura do jardim e as energias positivas das especiarias e a beleza do hibisco.

Esta mistura de chá de ervas pode ser armazenada em latas ou potes herméticos por até seis meses. Você vai precisar de ½ xícara de folhas de chá preto claro, 1 canela em pau quebrada, 2 anis-estrelado, 5 cravos-da-índia, 1 colher de sopa de flores de hibisco secas e a casca seca de 1 laranja pequena. Combine bem esses ingredientes e armazene-os conforme sugerido. Use 1 a 2 colheres de chá da mistura para fazer uma xícara de chá com 1 xícara de água recém-fervida.

Chá Doce Romance

Às vezes, todos nós nos sentimos um pouco mal-amados ou como se precisássemos de um pouco mais de paixão em nossas vidas – mas observe que esse não é um chá destinado a atrair alguém! Todos nós sabemos que feitiços de amor geralmente não são uma boa ideia, pois o único amor que vale a pena ter é aquele que é oferecido e recebido livremente. Em vez disso, este chá nos ajuda a ver nossa própria dignidade inata de amor e afeição, apesar de tudo o que possa estar acontecendo em nossas circunstâncias externas. Em última análise, isso nos fará atrair as almas mais afinadas com nosso ser pessoal. (Observe que este chá deve ser evitado se você estiver grávida, pois a folha de framboesa é um estimulante uterino).

Para preparar uma xícara, coloque 1 colher de chá de erva de chá branco na xícara (ou use um saquinho de chá); adicione 1 colher de chá de cada folha seca de framboesa e de erva-cidreira e algumas pétalas de rosa perfumadas. (Você também pode adicionar algumas gotas de extrato de baunilha, se quiser, mas seja moderado, pois ela pode facilmente dominar todos os outros sabores). Despeje 1 xícara de água recém-fervida sobre as ervas, deixe em infusão por 5 minutos, coe e sirva.

Redemoinhos de Amêndoa e Framboesa

Quando morava em Londres, eu costumava ir a uma pequena padaria nas manhãs frias e úmidas para pedir algo muito parecido com isso, embora minha versão seja feita sem fermento. Esses bolinhos leves com recheio doce de framboesa são um acompanhamento ideal para seu chá de jardim!

Preaqueça o forno a 200 ºC.

Forre uma assadeira grande com papel manteiga e unte levemente.

Você vai precisar de:

- ¼ de xícara de amêndoas em flocos para decorar
- ½ barra de manteiga, resfriada
- ½ colher de chá de sal
- 1 ovo
- 1 xícara de conservas de framboesa
- 1 xícara de leitelho (buttermilk)
- 2 xícaras de farinha para bolo
- 4 colheres de chá de fermento em pó

Glacê

Misture ½ xícara de açúcar de confeiteiro com 1 colher de chá de extrato de amêndoa ou baunilha e água morna suficiente para fazer uma mistura espessa, porém fácil de espalhar.

Misture a farinha, o fermento em pó e o sal em uma tigela grande e rale ou pique a manteiga na mistura de farinha. Bata o ovo e o leitelho juntos. Em seguida, misture-os à mistura de farinha para formar uma massa macia. Pressione a massa em uma tábua enfarinhada para formar um retângulo de cerca de 20 × 25 centímetros com 1 centímetro de espessura.

Para o recheio, espalhe as conservas de framboesa uniformemente sobre a massa e, em seguida, enrole-a cuidadosamente pelo lado mais comprido e pressione-a firmemente. Use uma faca afiada para cortar a massa em 10 a 12 fatias iguais, em seguida, coloque as fatias na assadeira preparada e asse por 15 minutos até que cresçam e fiquem douradas. Transfira para uma grade de arame para esfriar.

Faça o glacê conforme descrito acima e regue-o sobre as fatias resfriadas. Polvilhe com amêndoas em flocos. Se preferir, prepare a massa na noite anterior, leve à geladeira, fatie e asse pela manhã.

Rende de 10 a 12 fatias.

Pão de Limão e Tomilho

O limão é uma fruta alegre e ensolarada, e o tomilho é uma erva com muitas qualidades maravilhosas, tanto em nível físico quanto emocional – o tomilho é curativo e purificador, além de nos dar mais coragem e resiliência. Este pão rápido e simples é o complemento perfeito para um chá de jardim!

Preaqueça o forno a 180 °C e unte bem uma forma de pão média.

Você vai precisar de:

- ½ colher de chá de sal
- ½ xícara de leitelho (buttermilk)
- ¾ de xícara de açúcar (reserve mais ¼ de xícara de açúcar)

- 1 barra de manteiga amolecida
- 1 colher de chá de extrato de baunilha
- 2 ½ xícaras de farinha para bolo
- 2 colheres de chá de fermento em pó
- 2 colheres de sopa de folhas de tomilho picadas
- 2 limões suculentos
- 2 ovos

Esprema o suco dos limões em uma tigela pequena e rale bem a casca de um limão; adicione ao suco e reserve. Em uma tigela grande, bata a manteiga amolecida e ¾ de xícara de açúcar até obter um creme claro e fofo. Em seguida, acrescente gradualmente os ovos, a essência de baunilha e 2 colheres de chá do suco de limão.

Peneire a farinha, o fermento em pó e o sal e misture à mistura de manteiga alternadamente com o leitelho para formar uma massa homogênea. Despeje na forma de pão e asse no forno, já preaquecido, por 35 a 40 minutos ou até que o bolo esteja bem crescido e dourado. Coloque em uma grade para esfriar. Misture ¼ de xícara de açúcar com suco de limão suficiente para fazer uma cobertura espessa, mas derramável. Despeje sobre o bolo resfriado e polvilhe com as folhas de tomilho finamente picadas.

Choux de Rosa e Chocolate (profiteroles)

A massa de choux é mágica por si só: uma massa pegajosa que de alguma forma se transforma em folhados dourados e crocantes! (E também não é difícil de fazer.) O recheio e a cobertura são realçados com a fragrância mágica das rosas, mas certifique-se de usar uma essência ou extrato de rosas de boa qualidade para alimentos.

Preaqueça o forno a 200 °C.

Unte uma assadeira grande ou forre-a com papel manteiga.

Massa de choux

- ½ colher de chá de sal
- ½ xícara de água
- ½ xícara de leite
- 1 barra de manteiga
- 1 xícara de farinha
- 4 ovos

Em uma panela média, misture o leite, a água, a manteiga e o sal e leve ao fogo até ferver. Retire do fogo e acrescente a farinha de uma só vez, depois volte ao fogo baixo e mexa até a mistura engrossar e se soltar das laterais da panela. Deixe esfriar por alguns minutos, em seguida, acrescente os ovos lentamente e um de cada vez. O resultado deve ser uma massa macia, mas não pegajosa. Talvez não seja necessário usar todos os ovos.

Use um saco de confeitar ou faça pequenos montes de massa na assadeira, certificando-se de que estejam separados por pelo menos 2,5 cm entre eles. Novamente, gosto de fazer pequenas bolinhas, com cerca de 2,5 cm de diâmetro cada, mas você pode fazê-las maiores, com até 5 cm, se preferir. Asse por 15 a 20 minutos até que os folhados estejam dourados e crocantes. Não dê uma olhada no forno antes de eles estarem prontos, pois isso pode fazer com que eles desmoronem! Desligue o forno e deixe os folhados no forno por mais 5 minutos antes de transferi-los para uma grade para esfriar.

Pouco antes de servir, faça um pequeno furo na lateral de cada folhado e coloque um pouco do recheio de mousse com uma colher ou um tubo. Regue com o glacê de rosas por cima e sirva imediatamente.

Mousse de Rosas e Chocolate Branco

Derreta 240 ml de chocolate branco de boa qualidade em uma tigela colocada sobre uma panela com água fervente. Quando o chocolate estiver derretido, retire-o do fogo. Bata 1 xícara de creme de leite, acrescente 1 colher de chá de baunilha e extrato de rosas e misture ao chocolate derretido. Bata 1 clara de ovo até formar picos macios, em seguida, envolva-a na mistura de chocolate preparada. Refrigere bem e use para rechear os folhados de choux.

Cobertura de Rosas

Coloque 1 xícara de açúcar de confeiteiro em uma tigela pequena e adicione algumas gotas de extrato de rosas e água suficiente para fazer uma cobertura lisa e fácil de espalhar. (Um pouco de corante alimentício rosa também pode ser adicionado nesta etapa.) Coloque um pouco da cobertura sobre cada folhado antes de servir.

Rende de 12 a 24 folhados de choux.

Devo ser uma sereia...
não tenho medo das
profundezas e tenho muito
medo da vida superficial.

Anaïs Nin

20

CHÁ COM AS SEREIAS

Sereias... são poucos os que não se encantaram em algum momento com o mito e o mistério que envolvem essas belas criaturas do mar, habitantes de reinos subaquáticos estranhamente encantados, cujas profundezas azuis e douradas só podemos imaginar em nossos sonhos. Aparentemente, as sereias também têm seu lado sombrio e podem causar estragos quando estão com raiva ou são traídas, mas em geral, sempre gostei de vê-las como mensageiras que nos trazem novas percepções, criatividade e esperança de um mundo que não podemos ver ou mesmo entender completamente.

Para explicar essa cerimônia do chá em particular, preciso começar com uma história pessoal que aconteceu há alguns anos, quando eu estava visitando a costa noroeste da Escócia com meu então parceiro. Embora fosse setembro e supostamente um bom mês para visitar a região, naquele ano em particular o tempo ficou ruim, com chuva e ventos fortes que chegaram a derrubar nossa barraca em nossa segunda noite de acampamento. Eu não estava muito feliz naquele momento e, no terceiro dia, quando visitamos Sandwood Bay, eu estava definitivamente de mau humor. Essa é uma baía famosa e bonita da região, supostamente o refúgio das sereias que se reúnem nas rochas e cantam suas canções antigas nas areias pálidas e brilhantes. Infelizmente, só se chega a ela por meio de uma longa caminhada de 5 km por um campo bastante inóspito, portanto, quando finalmente chegamos à baía – ainda com a chuva caindo – eu não estava com disposição para apreciar a beleza do lugar.

Meu parceiro encontrou um lugar abrigado sob uma pedra para eu ficar e disse que iria caminhar um pouco mais (na verdade, acho que ele estava um pouco cansado de ouvir minhas reclamações). Mesmo o chá de piquenique que a proprietária da pousada havia embalado para nós, a contragosto, não tinha nenhum charme: chá morno e estufado, alguns sanduíches de queijo e tomate um tanto frouxos e scones que poderiam ter sido usados como pequenos mísseis.

Acho que devo ter cochilado (ou talvez as sereias tenham fechado meus olhos com um pouco de poeira do mar), o fato é que quando acordei alguns minutos depois, foi ao som de vozes suaves, agudas e bonitas levadas pelo vento. A chuva havia parado e a luz pálida do sol iluminava a baía e as rochas brilhantes ao largo da costa – rochas que não estavam mais vazias, pois em cada uma delas havia uma criatura brilhante e mágica com uma longa cauda iridescente e cabelos claros que sopravam com a brisa do mar. Não me lembro quanto tempo fiquei sentada ali, mas ainda me lembro da magia absoluta daquele momento. Senti-me aberta, nova e abençoada por tudo o que me cercava. As *selkies* (pois esse é o nome pelo qual são tradicionalmente conhecidas na Escócia) são conhecidas por trazer presentes de compreensão, liberdade e aceitação de mudanças nas marés de sua magia, e acredito que foi isso que elas trouxeram para mim naquele dia.

Eu não estava feliz com a minha vida: o relacionamento em que eu estava basicamente havia chegado ao fim e nós dois estávamos apenas vivendo os acontecimentos, nada mais. Outros aspectos em minha vida também estavam fora de controle, tanto no trabalho quanto financeiramente, e eu também sentia saudades do país onde havia nascido. Sentada ali, naquela luz cintilante, percebi que tudo isso precisava mudar – e que eu é que tinha de ter a coragem de fazer isso. Quando meu parceiro voltou um pouco mais tarde, tentei contar a ele o que tinha visto, mas ele simplesmente achou que eu estava sonhando enquanto dormia ou que talvez tivesse visto focas se aquecendo nas rochas. E sim, quando voltamos para casa, mudei minha vida e segui em frente, o que, em retrospecto, foi uma escolha saudável para nós dois.

Nunca me esqueci daquele dia ou das sereias cantando para mim nas areias prateadas da baía. Desde aquela época, também passei a viver perto do oceano, em um lugar onde o mar fica logo depois da colina da minha pequena casa, e posso ouvir seu rugido e seu canto dia e noite.

Mesmo que não tenhamos a sorte de realmente viver ao lado dele, o oceano é uma fonte primária de maravilha, mistério e nutrição para o nosso Planeta; é um lugar de mitos e mistérios, de jornadas estranhas e transformadoras, de perder e encontrar a nós mesmos. Uma amiga minha sempre dizia que adorava estar à beira-mar, porque lá ela não precisava fazer nada; ela podia simplesmente ser quem ela era naquele momento. De muitas maneiras, essa também é a essência e a inspiração deste livro sobre chá, e é por isso que escolhi incluir uma cerimônia de chá especial com o tema do oceano. Caminhar na praia, mesmo que seja apenas em nosso coração, ajuda-nos a nos lembrarmos de quem somos e, talvez ainda mais importante, de quem ainda podemos escolher ser.

Há alguns anos, uma amiga querida comemorou um aniversário marcante com uma festa de chá na praia. Com sua permissão, incluí essa ideia aqui como uma maneira perfeita de desfrutar de um chá com as sereias. Para compor a mesa, ela dispôs várias caixas de madeira na areia de modo que ficassem bem protegidas do vento e das ondas; ela cobriu as caixas com serapilheira para dar uma aparência natural e prendeu o tecido com algumas pedras grandes da praia e alguns belos pedaços de madeira flutuante.

O serviço de chá consistia em xícaras e pratos simples em azul e branco, e a mesa foi decorada com conchas, pedras lisas do oceano e alguns pedaços delicados de vidro da praia que encontramos nos dias que antecederam a festa. As velas consistiam em velas brancas colocadas de forma confortável e segura dentro de tigelas de vidro que haviam sido preenchidas com areia do mar. Embora a festa de aniversário dela não fosse especificamente temática de sereia, achei que seria totalmente apropriada (e aprovada) por elas!

É claro que, se você não mora perto do mar, talvez tenha que improvisar um pouco, mas é possível com bastante foco e intenção. Você pode começar encontrando uma bela foto grande ou outra imagem da praia ou do oceano para formar o pano de fundo e a intenção da reunião; pode também adicionar conchas, areia e outros presentes do oceano à mesa. A água do mar é, como todos sabemos, altamente mágica tanto em substância quanto em energias e, se você conseguir um pouco, borrife-a abundantemente ao redor da sala onde será realizada a festa, bem como levemente sobre você e os outros convidados. Um substituto para a água do mar pode ser feito adicionando um pouco de sal marinho puro a uma garrafa de água de nascente e mexendo bem até que o sal esteja completamente dissolvido.

Quando todos estiverem reunidos, olhe para o oceano (ou veja uma imagem do oceano) e feche os olhos. Imagine que você está lá, naquela linda praia selvagem, com a areia fresca sob seus pés, sentindo a brisa suave do oceano passar por seus cabelos e ouvindo o canto assombroso das sereias flutuando em sua direção.

Em seguida, diga as seguintes palavras, individualmente ou em conjunto:

Sereias, vocês nos trazem mensagens das profundezas do oceano místico.
Vocês nos lembram da infinidade da nossa terra, da infinidade do nosso
próprio ser. Sabemos que somos infinitamente poderosos e belos,
mas às vezes nos esquecemos. Agradecemos por nos lembrar disso.
Agradecemos por nos dar sua canção e seu espírito.
Ao ouvir vocês, aprendemos magia; aprofundamos a sabedoria
em todas as coisas. Agradecemos por nos dar essas dádivas
e por nos mostrar como ser livres. Assim é!

Frascos de Desejos das Sereias

Um presente charmoso para seus convidados neste chá, são as pequenas garrafas dos desejos, que servirão como um belo lembrete para que levem a sabedoria do oceano e das sereias em seus corações o tempo todo. Você vai precisar de pequenas garrafas de vidro (tubos de ensaio decorativos também funcionam bem). Certifique-se de que os gargalos sejam largos o suficiente para as conchas e pedrinhas que serão adicionadas, e também que as garrafas ou tubos tenham rolhas resistentes.

Comece colocando cerca de 2,5 cm de areia fina do mar no fundo de uma garrafa. Depois, adicione algumas conchas e pedras bem pequenas e pedaços de vidro marinho, se conseguir encontrá-los. Despeje água do mar suficiente para cobrir a areia e as conchas, com um pouco de espaço extra na parte superior; as garrafas ou tubos devem estar apenas dois terços cheios. Coloque as rolhas nas garrafas. Você pode amarrar um lindo cordão de seda ou metálico ao redor do gargalo da garrafa e adicionar alguns berloques, se desejar, como conchas ou pequenas sereias. Faça pequenos rótulos para as garrafas com os dizeres "Este é um Frasco de Desejos das Sereias para lembrá-lo não apenas da magia do oceano, mas da magia especial que você carrega dentro de si, para que possa sempre mergulhar e sonhar profundamente!"

Chá de Abertura para Magia

Para ver sereias ou acessar a magia ao nosso redor ou dentro de nós, muitas vezes precisamos de um pouco de inspiração suave. Esta mistura de chá bonita e perfumada é ideal e vai transportar você para um reino suave de encantamento enquanto toma um gole.

Combine ½ xícara de flores de borragem seca e folhas de tomilho em uma tigela pequena. Em seguida, adicione ¼ de xícara de folhas ou pétalas de dente-de-leão secas. Acrescente 1 colher de chá de sementes de erva-doce seca e coentro moído e, por último, ½ colher de chá de gengibre moído. Misture muito bem e, em seguida, guarde o chá em uma pequena lata ou frasco hermético em um armário escuro e fresco. Para preparar o chá, coloque 1 colher de chá da mistura em sua xícara, despeje 1 xícara de água recém-fervida sobre as ervas e deixe em infusão por 10 minutos. Coe e sirva adoçado com um pouco de mel.

Chá de Flores de Fada

Uma mistura de chá bonita e relaxante para acalmar pensamentos ansiosos e medos. Todas essas flores são encantadas por suas proprie-dades repousantes e curativas.

Esta mistura é feita de ervas e flores secas que, de acordo com a lenda das fadas, você deveria ter colhido no meio do verão sob a luz da Lua cheia. Em uma tigela, misture 2 xícaras de flores de camomila secas, 1 xícara de folhas de erva-cidreira secas, ½ xícara de pétalas de calêndula secas e ¼ de xícara de pétalas de rosa secas. Mexa bem a mistura e guarde-a em um frasco hermético. Use 1 colher de sopa dessa mistura de chá para cada xícara de água recém-fervida.

Chá Gelado Jasmim da Alegria

Esta receita, que adaptei do *Book of Kitchen Witchery de Cerridwen Greenleaf*, é ideal para chás na praia em dias quentes e abafados de verão. Ela pode ser facilmente preparada com antecedência e colocada em um frasco com muitos cubos de gelo; também pode ser diluída com água mineral ou de nascente com gás. Se quiser, pode adicionar um pouco de vinho branco.

Coloque de 4 a 5 saquinhos de chá de jasmim em uma jarra grande e, em seguida, adicione 1 punhado de folhas de erva-cidreira e de gerânio rosa. (Prefiro usar ervas frescas para essa receita, se pos-sível.) Acrescente alguns ramos de hortelã e 2 ou 3 fatias bem finas de limão. Despeje de 5 a 6 xícaras de água recém-fervida sobre as ervas e deixe em infusão por 10 a 15 minutos. Coe a mistura e resfrie-a antes de despejá-la em jarras ou frascos para servir. Sirva este chá gelado polvilhado com mais fatias de limão ou hortelã.

Chá Céu Azul

Esta mistura simples de chá usa lindas flores de milho azuis, que não apenas ecoam as cores do mar e do céu, mas também estão ligadas a poderes psíquicos e ao acesso à nossa sabedoria interior, que é, em última análise, o conhecimento mais verdadeiro que podemos ter.

Você precisará de 1 saquinho de chá Oolong (como o Darjeeling), que deve ser colocado na xícara ou caneca com 1 colher de chá de pétalas secas de centáurea e ½ colher de chá de folhas secas de hortelã-pimenta. Despeje 1 xícara de água recém-fervida sobre as ervas, deixe em infusão por 5 minutos, coe e sirva. Enquanto bebe o chá, feche os olhos e permita que sua intuição assuma o controle e o guie em uma nova jornada para sua vida.

Beijinhos de Sereia

Gosto de imaginar que essas guloseimas macias e doces seriam muito apreciadas pelas sereias. Como um bônus adicional, elas não contêm glúten e são fáceis de fazer. Ao longo dos anos, eu fiz esses Beijinhos com todos os tipos de sabores diferentes, mas este delicado de limão e cardamomo é particularmente delicioso. O chocolate é opcional; ao leite ou amargo, como preferir.

Preaqueça o forno a 180 °C.

Forre uma assadeira grande com papel manteiga e unte-a levemente.

Você vai precisar de:

- ¼ de colher de chá de sal
- ½ colher de chá de cardamomo moído
- ½ xícara de amêndoas moídas
- 1 colher de sopa de raspas de limão finamente raladas
- 1 xícara de açúcar
- 2 xícaras de coco ralado seco e sem açúcar
- 3 claras de ovos
- 90 gramas de chocolate branco picado

Bata as claras em neve e o sal em uma tigela grande sem gordura até formar picos moles. Em outra tigela, misture o açúcar, o coco e as amêndoas moídas. Misture delicadamente as claras em neve – a mistura deve ficar espessa, mas ainda arejada. Acrescente delicadamente as raspas de limão e o cardamomo moído.

Deixe a mistura esfriar na geladeira por 30 minutos. Em seguida, divida-a em pequenos montes e arrume-os na assadeira, usando duas colheres para deixá-los em formas de montes ou cones mais limpos. Asse por 10 a 12 minutos ou até dourar levemente – tenha cuidado, pois eles podem queimar facilmente. Deixe esfriar sobre uma grade. Derreta o chocolate em uma tigela pequena à prova de calor colocada sobre uma panela com água fervente. (A base da tigela não deve tocar a água.) Quando o chocolate derreter e ficar cremoso, retire do fogo e mergulhe levemente o fundo de cada monte de coco no chocolate. Deixe assentar de lado em uma folha grande de papel-manteiga. É melhor comê-los frescos, o que não é realmente uma dificuldade!

Rende de 16 a 20 bolinhas de coco.

Biscoitos de Champanhe e Rosas

Algo bonito e um pouco diferente – um sabor adulto, obviamente! Você pode usar qualquer vinho espumante seco ou semidoce para estes biscoitos; onde moro, o champanhe adequado é muito caro para ser usado em bolos. Lembre-se de usar água de rosas culinária de boa qualidade para esta receita.

Preaqueça o forno a 180 °C.

Unte bem uma assadeira grande.

Você vai precisar de:

- ¼ de xícara de leite
- 2 colheres de chá de água de rosas
- 2 barras de manteiga sem sal, amolecida
- ⅔ de xícara de açúcar superfino

- 2 ¼ de xícaras de farinha, peneirada
- Uma pitada de sal

Bata bem a manteiga e o açúcar até obter um creme claro e fofo. Em seguida, acrescente a água de rosas, o sal e a farinha; por último, adicione o leite e misture com as mãos para formar uma massa macia e lisa. Leve a massa à geladeira por 10 minutos, depois, estenda-a em uma tábua enfarinhada até que não tenha mais do que 1 cm de espessura. Corte formas adequadas com cortadores de biscoitos; eu gosto de flores, corações e borboletas. Coloque os biscoitos na assadeira e leve ao forno por 15 a 20 minutos ou até que estejam dourados. Deixe esfriar completamente em uma grade de arame antes de colocar a cobertura.

Cobertura de champanhe

Misture ¼ de xícara de champanhe ou vinho espumante com ½ xícara de açúcar de confeiteiro. A cobertura deve ficar lisa e fácil de espalhar. Espalhe um pouco de cobertura em cada biscoito. Em seguida, polvilhe com algumas pétalas de rosas secas ou frescas. Deixe a cobertura endurecer antes de servir os biscoitos.

Rende aproximadamente 18 biscoitos.

Rolinhos de Mousse de Salmão

Estes sanduíches especiais e bonitos têm um sabor salgado sutil do mar; você pode usar salmão ou atum em lata, se preferir, mas o sabor será um pouco diferente. É melhor usar pão branco macio ou pão integral leve, pois os pães mais escuros e pesados não se enrolam facilmente. Se você não gosta do sabor de anis do endro, experimente substituir por cebolinha finamente picada. Observe que será necessário utilizar um processador de alimentos para esta receita ou, na falta dele, use um liquidificador.

Você vai precisar de:

- ½ xícara de *cream cheese* integral
- 1 colher de sopa de endro finamente picado

- 2 colheres de sopa de suco de limão
- 4 fatias grandes de pão branco fresco
- 100 gramas de filés de salmão defumado (ou truta)
- Pimenta preta moída na hora

Coloque o peixe, o *cream cheese*, o suco de limão e o endro no processador de alimentos e bata até formar uma mistura leve e homogênea. Acrescente um pouco de pimenta a gosto.

Remova a casca das fatias de pão e use uma garrafa ou um rolo de macarrão para deixar o pão um pouco mais fino – não mais do que 6 milimetros de espessura. Divida a mousse entre as fatias e espalhe-a de maneira uniforme e fina sobre elas. Enrole cada fatia com firmeza, depois embrulhe-a em filme plástico e leve à geladeira até o momento de servir. Em seguida, use uma faca serrilhada afiada para cortar cuidadosamente os pãezinhos em cata-ventos – você deve obter aproximadamente seis em cada fatia de pão. Sirva guarnecido com endro ou cebolinha picados e fatias bem finas de limão.

Rende aproximadamente 24 pãezinhos.

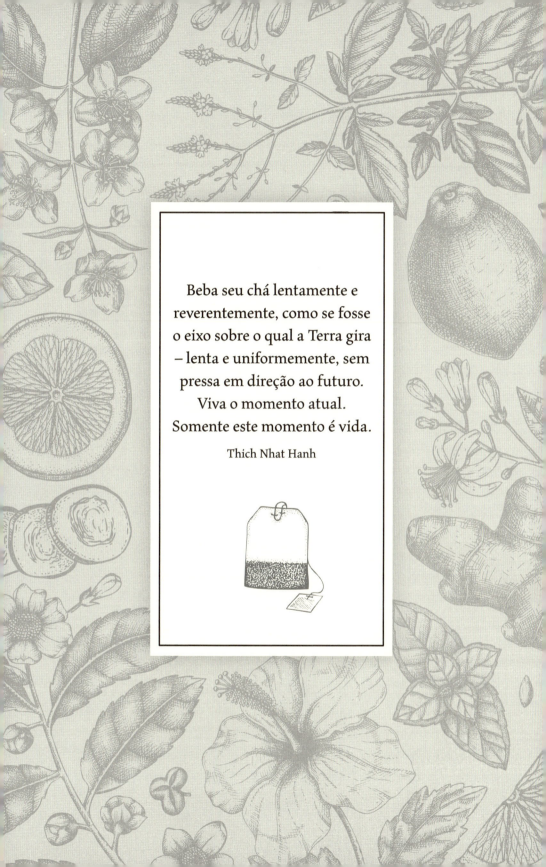

Beba seu chá lentamente e reverentemente, como se fosse o eixo sobre o qual a Terra gira – lenta e uniformemente, sem pressa em direção ao futuro. Viva o momento atual. Somente este momento é vida.

Thich Nhat Hanh

21

Chá de Folhas que Caem

Outono ou declínio – como quiser chamar – às vezes pode parecer uma estação bonita, mas estranhamente melancólica. Nós coletamos e colhemos com uma mão, ao mesmo tempo em que precisamos deixar de lado o calor e a generosidade do verão com a outra. Talvez, desta forma, o outono reflita a verdadeira natureza da vida, aprendendo tanto a receber quanto a abrir mão.

O ranger brilhante das folhas sob nossos pés, a mudança da silhueta das árvores no horizonte e o frio cortante do ar noturno nos lembram que o inverno está chegando. Como alguém que sempre achou o outono uma estação difícil e, às vezes, dolorosa, aprendi (nem sempre com facilidade) que todas as coisas e lições são valiosas e nos oferecem presentes se decidirmos aceitá-las; talvez o presente mais valioso de todos seja ver o que já aprendemos com o ano e o que ainda falta descobrir.

Comemore todas as bênçãos e a magia da colheita com um chá das folhas que caem: uma oportunidade perfeita para se conectar com aqueles que você ama nesta estação liminar e, talvez, para conhecer algumas pessoas que você ainda não conhece muito bem. Todos nós temos histórias para contar e dons para compartilhar, e esta é a época perfeita do ano para lembrar a colheita de nossa alma com as mãos e o coração abertos.

O outono marca o início do inverno, uma época em que precisamos nos preparar física e psicologicamente para os desafiadores meses frios que estão por vir. Uma maneira de fazer isso é preparando e armazenando uma variedade de misturas de chás de ervas que nos ajudarão nesta jornada; você encontrará algumas receitas e ideias para elas mais adiante nesta seção. É momento de honrar tudo o que nos foi dado até agora durante o ano e de celebrar o que ainda está por vir.

Se o tempo permitir, realize seu chá de folhas caídas ao ar livre, sob a copa brilhante das árvores de outono. Mantenha a simplicidade: uma mesa de madeira e xícaras, pratos e tigelas de cerâmica natural. O outono é por si só um decorador fabuloso, portanto, simplesmente enfeite a mesa com ramos e frutas vermelhas, folhas caídas recolhidas, milho seco ou uma ristra de pimentas vermelhas secas. Junte galhos pontiagudos em um jarro e amarre-os com juta ou barbante. Se você usar velas, escolha aquelas em tons dourado e verde e adicione algumas gotas de óleo essencial de pinho ou sândalo na parte inferior do pavio.

Para dar início à celebração do chá, reúnam-se ao redor da mesa, deem as mãos e alguém (ou todos) pode dizer a seguinte oração e bênção:

É o fim do verão, o início do período de escuridão.
Fomos abençoados com uma colheita de esperança, de oportunidades,
de mudanças. Também fomos presenteados com lições, algumas
bem-vindas, outras não, mas todas elas deram à nossa alma um
lugar para criar raízes, crescer e produzir uma boa colheita.
Como as folhas das árvores, precisamos aprender agora o que
devemos manter e o que devemos abandonar, com leveza e graça.
Confiamos nesse processo e em nossa sabedoria interior, e
continuaremos a florescer e a crescer, mesmo em meio
à escuridão e ao frio que nos aguardam. E assim é!

Um Ritual com Penas

Talvez seja pelo ambiente que vivo, cercado por belas aves silvestres de todos os tipos, a verdade é que eu pego penas caídas quase todos os dias – e elas são incrivelmente mágicas em sua variedade, cor e forma. Para mim, elas são uma representação mágica do outono – leves, graciosas e com o dom do voo.

Observe que a coleta de penas pode ser ilegal, dependendo de onde você mora, portanto, é aconselhável pesquisar no Google as regras para sua área ou país específico. Como alternativa, faça suas próprias penas bonitas cortando formas adequadas em cartolina clara e colorindo-as como desejar.

Um ritual simples que criei para um chá de outono recente envolveu a coleta de penas grandes e bonitas, uma para cada convidado. (É claro que isso pode fazer parte de toda a cerimônia do chá, se preferir, dependendo do local onde o chá é realizado). Depois que a festa do chá terminou e todos já tinham comido e bebido o suficiente, distribuí as penas e folhas de papel pergaminho que encontrei em uma loja de artigos de arte local e pequenos potes de tinta (escolhi sépia, porque adoro seu aspecto antigo).

Sugeri que todos escrevessem coisas das quais gostariam de se desapegar naquele momento, assim como as árvores se desapegam de suas folhas; no entanto, como prefiro abordar as coisas de forma positiva, também sugeri que as palavras refletissem isso: por exemplo, "Vou explorar novas formas de lidar com conflitos em casa" em vez de "Quero parar de brigar com meu parceiro". As pessoas poderiam escrever quantas petições quisessem, mas em geral, tende a ser menos desgastante ter não mais do que três ou quatro palavras escritas.

Mergulhar as penas na tinta e escrever com elas levou um pouco de tempo para se acostumarem (e não foi sem alguns murmúrios e resmungos), mas no final, meus convidados foram muito esportivos em relação a isso! Em seguida, pudemos optar por compartilhar o que escrevemos com o grupo – ou não – e, por fim, todos polvilharam seu pergaminho com algumas agulhas de alecrim e folhas de tomilho secas, enrolaram o papel e o amarraram com uma bela fita ou barbante. As penas que usamos podem ser colocadas em potes ou vasos com objetos naturais encontrados, mas geralmente gosto de colocá-las para flutuar em um riacho ou lago próximo. Isso representa, na minha opinião, a natureza móvel e mutável não apenas da nossa terra, mas também de nós mesmos. Estamos sempre evoluindo, sempre aprendendo e sempre disponíveis para a cura da Terra.

Chá Marroquino de Hortelã e Especiarias

Esta é apenas uma das minhas misturas de chá favoritas, emprestada dos mercados iluminados do Marrocos, onde é servida o dia todo como uma bebida estimulante e curativa. Lá, ele também é servido muito adoçado, mas isso é uma questão de gosto pessoal. Até mesmo o aroma dessa mistura de chá é intoxicante!

Em uma tigela pequena, misture o seguinte: 2 colheres de sopa de hortelã seca, 6 vagens de cardamomo esmagadas, ½ canela em pau quebrada ou esmagada em pedaços pequenos, 1 colher de chá de sementes de cominho secas, 1 colher de sopa de folhas secas de erva-cidreira, 2 colheres de sopa de pétalas de rosas secas perfumadas e 1 colher de sopa de raspas finas de laranja secas. Se quiser, você também pode adicionar 1 colher de chá de gengibre moído. Misture tudo bem e guarde em um pote ou lata hermética. Use 2 colheres de chá da mistura para cada xícara de água recém-fervida, deixe em infusão, coe e adoce com mel ou açúcar.

Chá da Sabedoria do Outono

Há muitas lições que podemos aprender com o outono, sendo que uma das mais poderosas é sentar, esperar e deixar de lado o drama e o estresse de nossa vida, permitindo que os eventos se desenrolem em seu próprio tempo natural. Sei que às vezes é mais fácil falar do que fazer! Aqui está uma mistura simples de chá que permite o descanso e a calma e nos dá a chance de ver as coisas sob uma nova perspectiva. O chá Honeybush usado aqui é rico em antioxidantes e também não contém cafeína.

Para preparar uma xícara deste chá, coloque 1 saquinho de chá de Honeybush na xícara e adicione 1 colher de chá de valeriana seca, sementes de erva-doce e sementes de cominho. Despeje 1 xícara de água recém-fervida sobre as ervas, deixe em infusão por 10 minutos, coe e beba.

Chá para Afastar Negatividade

Se você for como eu, o outono pode trazer uma sensação de negatividade e autoculpa pelas coisas que não foram feitas (ou, inversamente, pelas coisas que foram feitas e das quais se arrependeu)! Às vezes, precisamos de uma dose saudável de positividade para passar por esses dias de outono com mais autoconfiança e esperança. Essa mistura de chá brilhante e perfumada é uma companhia útil nesses dias e deve ser consumida com um senso de otimismo e possibilidade renovados.

Para fazer essa mistura de chá, combine ½ xícara do seu chá preto favorito com 1 colher de sopa de folhas secas de erva-cidreira, 2 colheres de chá de flores secas de camomila e 1 colher de chá de folhas secas de hortelã-pimenta. Acrescente 1 punhado de roseira brava seca esfarelada. Misture bem e guarde em um frasco hermético. Use de 1 a 2 colheres de chá por xícara para fazer o chá, que deve ser bem coado antes de ser servido.

Bolo de Maçã de Dorset

Este tradicional bolo inglês parece perfeito para o outono, pois é recheado com o sabor quente de maçãs e especiarias. Você pode usar as maçãs que quiser, desde que sejam lindas, frescas e maduras. Quando eu morava na Inglaterra, várias versões deste bolo eram populares nos cardápios das Casas de Chá; certamente provei mais do que o meu quinhão!

Preaqueça o forno a 180 °C.

Unte muito bem uma forma de bolo funda de 20 cm e forre a base com papel manteiga.

Você vai precisar de:

- ½ colher de chá de noz-moscada, canela e gengibre moídos
- ½ colher de chá de sal
- ½ xícara de uvas passas (opcional)
- 1 barra de manteiga sem sal, amolecida

- 1 xícara de açúcar mascavo
- 2 colheres de chá de extrato de baunilha
- 2 colheres de chá de fermento em pó
- 2 maçãs grandes, descascadas, sem caroço e cortadas em pedaços pequenos
- 2 xícaras de farinha para bolo, peneirada
- 3 ovos

Peneire a farinha, o fermento em pó, as especiarias, o sal e as passas (opcional) em uma tigela pequena e reserve. Em uma tigela grande, bata a manteiga, o açúcar e a baunilha até obter uma mistura leve e cremosa; acrescente os ovos, um de cada vez. Em seguida, adicione a mistura de farinha alternadamente com as maçãs picadas e misture bem até que a massa fique bem homogênea, sem traços de farinha. Use uma espátula para espalhar a massa na forma de bolo e asse por 40 a 50 minutos ou até que o bolo esteja crescido, dourado e até que um palito saia limpo. Deixe esfriar na forma por 15 minutos antes de desenformar sobre uma grade.

Este bolo se conserva bem por alguns dias, armazenado em um recipiente hermético. Fica ainda mais gostoso quando servido com um pouco de creme de leite!

Serve de 10 a 12 pessoas.

Pão de Canela com Especiarias

A canela é uma especiaria maravilhosa – e para melhorar ainda mais, ela é incrivelmente boa para nós. A canela não apenas melhora o humor e a moral, como também fortalece o sistema imunológico, o que é uma grande vantagem quando nos aproximamos dos meses frios de inverno. Este bolo de pão simples é delicioso sozinho ou com uma grande caneca de chá fumegante de ervas ou Earl Grey.

Pré-aqueça o forno a 180 °C.

Unte bem uma forma de pão de forma de tamanho médio.

Você vai precisar de:

- ¼ de colher de chá de bicarbonato de sódio
- ¼ de xícara de amêndoas picadas (opcional)
- ½ colher de chá de noz-moscada moída
- ¾ de xícara de açúcar superfino
- 1 ¼ de xícara de farinha para todos os fins
- 1 ¼ de xícara de leitelho (buttermilk)
- 1 ½ colher de chá de fermento em pó
- 1 barra de manteiga amolecida
- 1 colher de sopa de canela em pó
- 2 colheres de chá de extrato de baunilha
- 2 colheres de sopa de açúcar mascavo
- 2 ovos

Peneire bem a farinha, o fermento em pó, o bicarbonato de sódio e a canela e reserve. Em uma tigela grande, bata a manteiga amolecida com o açúcar até obter um creme claro e fofo. Em seguida, acrescente os ovos e a essência de baunilha. (Não se preocupe se a mistura parecer um pouco coalhada; isso acontecerá quando a farinha for adicionada!) Acrescente a mistura de farinha alternadamente com o leitelho para obter uma massa macia e suave. Espalhe na forma de pão preparada.

Misture o açúcar mascavo, a noz-moscada e as amêndoas opcionais e polvilhe esta mistura uniformemente sobre a parte superior do bolo. Asse por 30 a 40 minutos ou até que o bolo esteja dourado escuro e com os testes feitos. Deixe esfriar na forma por 15 minutos, em seguida, vire-o em uma grade para terminar de esfriar. Este pão pode ser conservado por alguns dias se for embalado hermeticamente, mas seu sabor aromático é melhor quando recém-assado!

Serve de 8 a 10 pessoas.

Pequenas Tortas Caseiras

Esta é uma adição saborosa a um cardápio de chá de outono, baseada em uma receita muito tradicional da Inglaterra, embora aqui eu tenha optado por fazer as tortas pequenas e em tamanho de mordida, pois isso parece funcionar melhor para a hora do chá! As batatas no recheio são muito suaves e nos lembram de toda a bondade e generosidade da terra; as ervas podem ser variadas de acordo com o gosto pessoal, mas acho que a sálvia ou o tomilho são os mais apropriados aqui.

Você pode usar massa folhada ou massa quebrada comprada se quiser economizar tempo, mas recomendo que experimente esta receita simples – ela é crocante e cheia de sabor!

Massa

- 1 barra de manteiga fria sem sal
- 1 xícara de farinha
- 1 xícara de queijo ralado (como o Cheddar)
- Sal e pimenta a gosto

Misture a farinha e o queijo em uma tigela e adicione sal e pimenta a gosto. Corte a manteiga em pedaços pequenos e em seguida esfregue-a na farinha com as pontas dos dedos até que a mistura se assemelhe a uma farinha de rosca grossa. Se não ficar homogênea, adicione gradualmente um pouco de água fria para obter uma massa macia, mas não pegajosa. Forme uma bola e leve à geladeira enquanto prepara o recheio.

Preaqueça o forno a 180 °C.

Unte bem uma assadeira grande.

Você vai precisar de:

- ½ xícara de creme de leite
- 1 cebola finamente picada
- 1 colher de sopa de ervas picadas (como sálvia ou tomilho)

- 1 colher de sopa de parmesão
- 1 ovo + 1 gema de ovo
- 2 batatas grandes
- 2 colheres de sopa de azeite de oliva
- 2 colheres de sopa de farinha de trigo
- Pimenta do reino moída na hora

Descasque as batatas, corte-as em cubos pequenos e cozinhe até ficarem macias, mas sem amassar. Retire do fogo, escorra bem e reserve.

Frite a cebola no azeite de oliva em fogo baixo até ficar macia e dourada. Misture a farinha até formar uma pasta, em seguida, adicione um ovo e o creme de leite e cozinhe, mexendo suavemente até obter um molho homogêneo. Acrescente a pimenta, o parmesão, as ervas e depois as batatas resfriadas. Deixe o recheio esfriar.

Estenda a massa resfriada em uma superfície enfarinhada até obter uma espessura de no máximo 6 milímetros. Use um cortador de biscoitos ou um copo para cortar círculos de 6 centímetros de diâmetro. Coloque uma colher de sopa de recheio no centro de cada círculo e, em seguida, dobre-o cuidadosamente para formar uma meia-lua. Pressione as bordas das tortas firmemente com um garfo. Bata a gema de ovo extra com um pouco de água e pincele-a sobre a parte superior das tortas – isso é opcional, mas dá um belo acabamento marrom-dourado à massa. Asse as tortas por 20 a 25 minutos ou até que a massa esteja dourada e crocante; deixe esfriar sobre uma grade e sirva quente.

Rende de 10 a 12 tortas pequenas.

Não espere que
alguém lhe traga flores.
Plante seu próprio jardim
e decore sua própria alma.

Mario Quintana

22

CHÁ MÁGICO LUNAR

Mesmo quando pequena, eu era fascinada pela Lua. Nas noites de Lua cheia, eu pedia à minha mãe que deixasse as cortinas do meu quarto abertas para que eu pudesse dormir com aquela luz prateada e clara que se espalhava pela minha cama; em algum nível, eu sabia que a Lua tem poder e mistério sobre nós.

E, é claro, como Bruxas Verdes, todas nós continuamos a amar e a celebrar a Mãe Lua, pois sabemos que ela é a regente das marés, das estações, das emoções, dos sonhos e até mesmo de nossos ciclos físicos – algo que as mulheres têm especial consciência. Portanto, não há melhor maneira de celebrar esse astro místico (que muitas vezes parece estar perto o suficiente para ser tocado!) do que com um chá mágico lunar, uma cerimônia e reunião que nos oferece a oportunidade de realmente honrar e aproveitar as energias lunares ao nosso redor.

Todas as fases da Lua têm sua própria magia, mas é a Lua cheia que nos chama, pois ela nos convida a nos reunirmos e a celebrarmos a plenitude encantada que ela oferece ao mundo e aos nossos próprios seres. A Lua nos lembra que não estamos separados em nenhum nível, mas que somos parte de um todo e de um ciclo maior, da escuridão à luz e vice-versa. Isso nos permite não apenas celebrar nossos próprios seres, mas também aceitar que a mudança também é uma parte vital da vida. Uma amiga minha sempre toma um chá de lua cheia na época de seu aniversário e diz que isso a ajuda a lembrar não apenas de onde veio, mas também de onde ainda deseja ir. Acho que isso é particularmente valioso à medida que envelhecemos e, às vezes, sentimos que estamos nos tornando invisíveis e perdendo nosso "valor" aos olhos da sociedade em geral.

A Mãe Lua nos lembra da maneira mais bela que, embora possamos mudar à medida que envelhecemos – o que não é algo para se lamentar, mas, sim, para se apreciar e comemorar –, continuamos a construir, nutrir e gerar vida de muitas maneiras diferentes, assim como a Lua continua a atrair as marés dos oceanos de volta para as areias brilhantes.

A Lua cheia oferece a ocasião perfeita para um ritual do chá, seja com um grupo ou sozinha, dependendo do que você se sentir inclinada a fazer em um determinado momento. No entanto, há algo nas energias dessa fase da Lua que parece exigir conexão e compartilhamento, portanto, permita-se estar aberta a isso quando for apropriado; em outros momentos, se estivermos nos sentindo emocionalmente estressadas ou descentralizadas, um pouco de solidão pode ser mais útil e curativo.

Chás para Diferentes Fases da Lua

Sabemos que cada uma das fases da Lua nos traz diferentes energias e oportunidades; essas energias se estendem a todo o mundo natural, daí as mudanças das marés e dos padrões de crescimento dos campos. Talvez nós, mulheres, não estejamos tão familiarizadas com a forma como podemos potencializar cada uma dessas fases em nós mesmas por meio de algo tão simples como preparar uma xícara de chá.

- **Lua nova**: abre novas ideias e possibilidades e nos ajuda a planejar um novo crescimento com clareza e intenção. Experimente chás feitos com rosa, folhas de tília, cardamomo, bálsamo de abelha e limão.

- **Lua crescente**: é um período criativo para sonhar e colocar esses sonhos em ação, encontrar energia e estabelecer metas. Os chás podem incluir sálvia, alecrim, hortelã-pimenta, palha de aveia e camomila.

- **Lua cheia**: a fase mais poderosa e mágica da Lua, na qual entramos plenamente em nós mesmas com todo o nosso brilho, criatividade e paixão. Abraçamo-nos e também a nossa vida como ela é. Os chás para apoiar e celebrar este período são feitos com hibisco, alecrim, passiflora, valeriana e dente-de-leão.

- **Lua minguante ou escura**: é um período de retiro, descanso e renovação. Damos um passo para trás para analisar o que conquistamos, onde precisamos nos limpar e nos reagrupar, e quando precisamos preparar um novo terreno para nossa vida. Experimente uma mistura de chá que inclua qualquer um dos seguintes ingredientes: lavanda, salgueiro, erva-cidreira, hortelã, urtiga ou manjericão (especialmente tulsi).

Para fazer uma bela Cerimônia de Chá da Lua, sugiro usar o seguintes itens:

- Fitas ou cordões prateados, brancos ou azuis.

- Galhos de salgueiro – uma árvore sagrada para a Lua (ou simplesmente use galhos caídos ou encontrados de qualquer árvore, de preferência sem folhas).

- Muitas velas prateadas ou azuis claras, cores tradicionalmente associadas à Lua.

- Pedra da lua (Moonstone); como alternativa pode usar celestita, água-marinha ou cristais de quartzo transparente.

- Velas brancas.

Há muitas Deusas (e alguns Deuses) ligadas à Lua em várias culturas, incluindo Ísis, Hécate, Diana e Cerridwen; você pode fazer esta cerimônia específica para uma delas, se preferir, ou fazer como eu e simplesmente se referir a Luna, ou Mãe Lua.

Obviamente, o local ideal para realizar esta cerimônia é ao ar livre, sob a luz plena da Lua, mas isso nem sempre é possível ou seguro; neste caso, deixe a sala onde será realizado o ritual do chá o mais clara e vazia possível e coloque uma mesa o mais próximo possível de janelas ou da luz natural. Use uma toalha de mesa azul-clara e coloque uma tigela cheia de água de nascente transparente (de preferência *Água Lunar*; consulte a página 39 para obter instruções) no centro da mesa. Disponha seis velas prateadas ou azuis claras ao redor da tigela com alguns cristais de sua escolha e coloque algumas velas na água.

Arrume alguns galhos de salgueiro em uma jarra ou vaso grande e amarre uma fita ou cordão ao redor e através dos galhos. Isso cria uma "árvore da lua", que garante a continuação das bênçãos dos reinos mágicos. Você também pode queimar um pouco de óleo essencial em um queimador de óleo ou difusor antes de iniciar a cerimônia; jasmim, lírio-do-vale e olíbano são fragrâncias apropriadas.

Acenda as velas e reúna-se ao redor da mesa. Centralize-se e estabilize-se, fazendo algumas respirações profundas e curativas. Levante os braços e diga suavemente as seguintes palavras:

*Luna, nossa Mãe Lua, estamos reunidos aqui nesta noite luminosa
para agradecer por sua beleza e presentes para nós e para a nossa
Terra. Encha-nos com sua luz e conhecimento enquanto viajamos por
esta terra, buscando clareza e orientação para o nosso caminho.*

*Que todos os que estão aqui reunidos sejam abençoados
com alegria e cura; que conheçamos nosso próprio poder
e o utilizemos com sabedoria para trazer apenas energia
brilhante e natural ao nosso redor.*

Abençoados sejam. E assim é!

Depois que isso for dito, as velas podem ser apagadas ou não, conforme sua preferência. É bastante mágico sentar-se à luz natural da Lua tomando chá e compartilhando pensamentos, visões e esperanças.

Se estiver realizando uma Cerimônia do Chá na Lua nova/escura, as energias obviamente serão um pouco diferente, pois este momento do mês representa mudanças para o descanso e a regeneração, um período necessário no ciclo lunar, quando a Lua nos chama para nos recolhermos física e emocionalmente em nós mesmos.

Neste momento psíquico, permita-se fazer experiências com viagens interiores, adivinhação e sonhos espirituais. Por esse motivo, costumo pensar que as cerimônias de chá da Lua nova devem ser mais solitárias por natureza ou talvez compartilhadas com apenas uma ou duas pessoas próximas. Use a cerimônia conforme descrito, mas depois apague as velas e permita-se entrar e atravessar a escuridão para um lugar de renovação tranquila.

Chá de Brotos de Salgueiro

Esta receita foi adaptada com gratidão do luminoso livro de Marysia Miernowska, *The Witch's Herbal Apothecary*, um livro que aprofundou minha consciência dos rituais da terra sagrada e dos medicamentos naturais em todos os níveis.

Quando o salgueiro entrar na estação, colha os brotos frescos, depois descasque a casca externa e devolva-a à terra; usamos a casca verde interna, que deve ser cortada em pedaços bem pequenos e usada fresca, ou seca para uso nos meses de inverno.

Esse chá acessa níveis profundos de cura e conscientização e ajuda a nos levar a um estado meditativo de sonho lúcido, o que é mais auxiliado ainda pela presença da Lua cheia, da qual o salgueiro é uma árvore sagrada.

Basta infundir um punhado de pedaços da casca interna verde picada em uma xícara de água recém-fervida e deixar repousar por pelo menos 20 minutos; coe e beba morno ou frio.

Chá Sonhos ao Luar

Este chá é relaxante e divinatório por natureza. Ele nos ajuda a aprofundar nossa consciência intuitiva e mágica, principalmente quando tomado na época da Lua cheia. Espere que algo encantado aconteça!

Para fazer esta mistura, coloque em uma tigela: 1 xícara de pétalas de rosa perfumadas secas e escutelária seca (chapéu-de-couro, calota craniana), ½ xícara de folhas secas de hortelã e flores de jasmim (ou use 2 saquinhos de chá de jasmim abertos) e ¼ de xícara de folhas secas de artemísia (omita a artemísia se estiver grávida). Mexa levemente a mistura com as mãos e guarde-a em um frasco hermético. Use 1 colher de chá da mistura adicionada a 1 xícara de água recém-fervida para fazer uma xícara de chá verdadeiramente perspicaz (e deliciosa).

Chá ao Ritmo da Lua

Para o bem ou para o mal, nossos seres físicos e nossas emoções também estão ligados à Lua e à sua passagem pelo tempo e pelo espaço; como mulheres, em particular, sabemos disso no âmago de nossos seres. Infelizmente, porém, esses ciclos podem trazer consigo seus próprios problemas, como TPM, dor e irritabilidade. Um simples chá de ervas tomado nessa época aliviará estes sintomas de forma suave e eficaz.

Para fazer uma xícara deste chá, coloque 1 colher de sopa de folhas secas de framboesa (conhecidas por aliviar as cólicas e regular o fluxo menstrual) em uma xícara. Adicione 1 colher de chá de pétalas secas de calêndula e ½ colher de chá de folhas secas de valeriana. Despeje 1 xícara de água recém-fervida sobre as ervas, deixe em infusão por 5 minutos e sirva adoçado com um pouco de mel.

Tortinhas de Limão e Erva-Cidreira

O leite e o limão são sagrados para a Lua e usados em rituais lunares de todos os tipos, portanto, estas deliciosas tortinhas com recheio cremoso com aroma de ervas são ideais para serem servidas nessas ocasiões mágicas. Se preferir, você pode trocar a melissa por erva-cidreira, erva-doce, hortelã ou lavanda, utilizando-as com moderação! A receita da massa rende bastante, mas como as casquinhas assadas armazenam muito bem em um recipiente hermético ou podem até ser congeladas, é ótimo tê-las à mão para todos os tipos de magia na cozinha.

Preaqueça o forno a 200 °C.

Unte bem 24 formas pequenas de torta ou de muffin rasas.

Massa

- ¼ de xícara de açúcar superfino
- 1 barra de manteiga sem sal, amolecida
- 1 colher de chá de fermento em pó
- 1 ovo
- 1 ½ xícara de farinha para bolo
- Uma pitada de sal

Bata a manteiga e o açúcar até obter um creme claro. Em seguida, acrescente o ovo. Peneire a farinha, o fermento em pó e o sal juntos e adicione à mistura de manteiga. Misture bem para formar uma massa macia, mas fácil de manusear. Cubra e coloque na geladeira por 30 minutos. Estenda a massa em uma tábua enfarinhada e use um cortador de biscoitos de 6 centímetros para cortar círculos. Pressione os círculos de massa nas formas preparadas para muffins ou tortinhas e asse por 10 minutos ou até que estejam dourados e firmes. Deixe esfriar em uma grade de arame antes de retirar cuidadosamente as forminhas de massa das formas. Guarde-as hermeticamente quando estiverem frias; recheie-as pouco antes de servir.

Creme

- ½ xícara de açúcar
- 1 colher de sopa de suco de limão
- 2 colheres de sopa de amido de milho
- 2 colheres de sopa de farinha para bolo
- 2 colheres de sopa de manteiga
- 2 ovos
- 2 xícaras de leite integral
- Algumas folhas frescas de erva-cidreira
- Creme de leite

Aqueça suavemente o leite e a erva-cidreira juntos por 10 minutos; não deixe o leite ferver. Em seguida, coe o leite e coloque-o de volta na panela com o açúcar e a manteiga. Aqueça até a manteiga derreter. Em uma tigela pequena, misture a farinha e o amido de milho com um pouco de água para formar uma pasta homogênea. Separe os ovos. Bata as gemas na pasta de farinha e, em seguida, adicione-a ao leite morno. Cozinhe em fogo médio, mexendo sempre, até que o creme fique liso e espesso, depois acrescente o suco de limão. Retire do fogão e deixe esfriar. Bata as claras em neve até formar picos macios e envolva-as na mistura de creme resfriada. Cubra e guarde na geladeira se não for usar imediatamente. Pouco antes de servir, coloque um pouco do creme em cada massa e decore com uma pequena folha de erva-cidreira ou algumas raspas de limão.

Biscoitos de Lua Sonhadora

Os biscoitos em barra são um dos meus favoritos. Eles são versáteis, pois podem ser cortados bem pequenos para serem servidos como petiscos ou em barras maiores quando a ocasião exigir. Baseada em uma receita antiga, a cobertura aqui, no entanto, é um pouco especial: o cacau – escuro e misterioso, sagrado por si só – faz uma cobertura deliciosa e mágica para estes biscoitos; ele tem sido usado como bebida cerimonial ao longo dos tempos e ajuda na meditação e no trabalho com sonhos. No entanto, certifique-se de que o cacau que você comprar seja orgânico e de origem livre.

Pré-aqueça o forno a 180 °C.

Unte bem uma assadeira de 23 × 33 cm e forre-a com papel manteiga.

Massa

- 1 ½ tablete de manteiga sem sal, fria
- 1 ½ xícara de farinha
- 2 colheres de sopa de açúcar

Recheio

- ¼ de xícara de farinha
- ½ colher de chá de sal
- ½ xícara de nozes-pecãs picadas
- 1 colher de chá de extrato de baunilha
- 1 colher de chá de fermento em pó
- 1 xícara de coco ralado
- 2 ovos
- ¾ de xícara de açúcar mascavo

Para fazer a crosta, misture a farinha e o açúcar em uma tigela; esfregue a manteiga resfriada com as pontas dos dedos até que a mistura se pareça com uma farinha de rosca grande. Pressione esta mistura na assadeira preparada para formar uma camada uniforme, pique levemente com um garfo e asse no forno, preaquecido, por cerca de 10 a 15 minutos ou até dourar levemente. Retire e deixe esfriar.

Para o recheio, peneire a farinha com o fermento em pó e o sal. Em uma tigela grande, bata os ovos, o açúcar mascavo e a baunilha até obter uma mistura clara e espessa. Em seguida, acrescente a mistura de farinha. Por fim, acrescente o coco e as nozes, misture novamente e espalhe o recheio uniformemente sobre a crosta pré-assada. Leve novamente ao forno por 25 a 30 minutos; o recheio deve estar firme e levemente dourado. Deixe as barras esfriarem completamente na forma.

Cobertura

Em uma panela pequena, derreta ½ xícara de óleo de coco e xarope de bordo ou mel. Acrescente ½ xícara de cacau em pó, ½ colher de chá de extrato de baunilha e uma pitada de sal marinho e canela em pó. Retire do fogo e deixe esfriar; a mistura deve ficar espessa e cremosa. Espalhe uniformemente sobre o recheio resfriado e leve à geladeira até que esteja firme o suficiente para ser cortado. Use uma faca longa para cortar as barras no tamanho desejado antes de retirá-las cuidadosamente da assadeira.

Rende de 20 a 30 barras.

A morte acaba com uma vida,
não com um relacionamento.

Mitch Albom

23

Chá em Memória aos Ancestrais

Uma das realidades mais dolorosas e, ainda assim, mais belas do ser humano é a perda e o luto. Perderemos pessoas e outros entes queridos, como animais de estimação, e teremos de nos despedir muitas vezes ao longo de nossa vida. E, é claro, há outras perdas também, como juventude, saúde, lares queridos e lugares que realmente não queremos ter de deixar. "Ser humano", como disse o poeta persa Rumi, nem sempre é fácil ou para os fracos de coração.

E isso é algo que posso atestar pessoalmente, já que perdi meus pais, meu parceiro e três amigos próximos nos últimos anos. Não foi fácil, é claro, mas as lições que aprendi com essas experiências me ajudaram em muitos níveis, e talvez a principal delas seja que não estamos – e nunca estaremos – sozinhos. Aqueles que amamos podem ter desaparecido de nossa visão física e de nossa vida diária, mas ainda estão entrelaçados em nós e através de nós com uma teia prateada de conexão, apoio invisível e esperança que pode nos sustentar e nutrir, especialmente nos dias em que o luto e a perda parecem insuperáveis.

À medida que o ano avança para os últimos dias do outono, celebramos o *Samhain* ou *Halloween*, o Dia dos Mortos e o Dia de Finados; todos esses eventos ocorrem por volta do final de outubro e início de novembro, no Hemisfério Norte, o que torna esse o momento perfeito para um chá em memória aos ancestrais, uma forma de homenagear aqueles que perdemos e de nos abrirmos para suas mensagens espirituais, para os sussurros e canções que fazem parte de nossa história e da nossa memória. É claro que este chá também pode ser oferecido em outros momentos, especialmente como parte ou após um funeral ou serviço memorial.

Geralmente, realizo este chá à noite, pois a escuridão parece oferecer a magia e o mistério que a ocasião exige. A luz de velas é essencial, dê preferência a velas pretas, índigo ou roxas, que são todas cores ligadas à morte, adivinhação, intuição e vida após a morte. O chá geralmente é simples, seria interessante incluir algumas receitas que foram passadas a você por suas mães ou avós. O compartilhamento de receitas é uma das formas mais simples e poderosas de homenagear e lembrar aqueles que vieram antes de nós.

Você pode decorar com símbolos tradicionais da estação, se quiser – abóboras, flores e milho de outono, pequenos esqueletos e caveiras –, fica a seu critério. Também gosto de colocar um baralho de cartas de Tarô ou um Oráculo na mesa, pois este é o momento perfeito para buscar a sabedoria e a percepção das cartas. Muitas vezes, cada um tira uma carta e, em seguida, discute em silêncio o significado que aquela carta específica tem para eles, tanto em termos do tema do chá quanto em relação à situação atual de suas vidas e aos desafios que estão enfrentando.

A leitura das folhas de chá é outra forma especial de adivinhação para este tipo de ocasião. Você pode ler mais sobre essa tradição no capítulo 13, O Oráculo das Folhas. Há também vários livros bons e perspicazes sobre o assunto.

Esta hora do chá, mais do que algumas outras citadas neste livro, é muito focada e centrada em rituais e, às vezes, é melhor quando feita sozinha ou na companhia de apenas uma ou duas pessoas. Em geral, a magia sagrada da noite se revela melhor em uma contemplação calma e silenciosa, e há algumas misturas de chá apresentadas a seguir que nos abrirão para os reinos ocultos se simplesmente nos permitirmos relaxar e nos deixarmos levar.

Sente-se em silêncio, pense em quem conheceu, em quem perdeu e convide-os a se juntarem a você agora em coração e espírito. Sinta a presença calorosa e reconfortante deles; se necessário, peça ou conceda perdão para que ambos possam estar livres de culpa ou de remorsos.

Gosto de passar a maior parte deste chá na escuridão, apenas com a luz de algumas velas acesas. Isso também facilita para as pessoas falarem e se abrirem sobre perdas específicas que possam ter vivenciado. Quando o chá estiver terminando, sugiro que todos os presentes fiquem em um círculo e deem as mãos. Digam a seguinte bênção e invocação, individualmente ou em grupo:

Espíritos e guias da minha vida, não posso mais vê-los,
mas sinto que estão aqui comigo agora,
neste momento liminar de sombras e mudanças.
Peço que me guiem, guardem e protejam enquanto
sigo em frente em minha vida.
Seja um abrigo e uma canção de alegria e lembre-me de que nunca
estou sozinha, pois ainda sinto seu amor ao meu redor e sei que
estaremos juntos novamente nas terras brilhantes.
Bênçãos. Amém. E assim é e sempre será!

Para mim, criar pequenos sacos ou bolsas de memória é uma maneira especialmente significativa não apenas de honrar aqueles de quem nos lembramos neste momento sagrado, mas de manter as linhas abertas entre nós e o mundo espiritual diariamente. Cada pessoa que participa desta Cerimônia do Chá pode trazer algo específico da pessoa que deseja lembrar; fotos são as coisas óbvias, mas também usei cartas e cartões, pequenos pedaços de bordado, joias antigas e muito queridas e muito mais. Esses itens podem ser colocados em uma pequena bolsa ou sacola na qual você adiciona algumas gotas de óleo essencial (alecrim, tomilho, rosa, sálvia ou zimbro são bons) e um cristal de sua escolha. Ideias para cristais podem incluir ametista (poder psíquico e cura), citrino (foco e criatividade), quartzo claro (poder mental e energia) e turquesa (proteção e força).

Outras coisas que gosto de acrescentar são um amuleto ou talismã particularmente representativo da pessoa que está sendo lembrada. Para a bolsa de memórias da minha mãe, incluí um pequeno cão-salsicha de estanho, porque ela adorava seus cachorros! Talvez você queira incluir um pequeno bilhete escrito à mão ou um cartão dizendo o que mais lembra e do que mais sente falta naquela pessoa. Amarre o saco ou a bolsa com uma linda fita ou barbante de algodão e pendure-o em um local onde possa vê-lo todos os dias, permitindo que as lembranças e a magia dele curem seu coração.

Há certas ervas e outras plantas que são particularmente valiosas para acessar os reinos dos ancestrais e do espírito. Entre elas estão o cipreste, a artemísia, a tília, a passiflora, o trevo vermelho, o salgueiro, a lavanda e a valeriana. Os chás e infusões feitos com uma ou mais dessas plantas podem ser muito úteis para viagens da alma e do coração de todos os tipos.

Chá para Sonhos Lúcidos

Esta poderosa mistura de chá ajuda a nos levar em viagens espirituais a lugares já conhecidos e outros ainda a serem descobertos. Depois que minha mãe faleceu no ano passado, passei por um período doloroso em que não conseguia mais sentir sua presença; às vezes, nem me lembrava de sua voz. Então um amigo me recomendou este chá. Naquela noite, sonhei que minha mãe e eu estávamos juntas novamente, conversando alegremente em seu jardim de flores, e acordei com a certeza de que ela continuava presente e me apoiava em minha vida todos os dias.

Para fazer essa mistura de chá, misture o seguinte em uma tigela: ½ xícara de cada de artemísia (losna) seca, folhas de escutelária (chapéu-de-couro, calota craniana) e flores de camomila secas (não use losna se estiver grávida). Adicione 2 colheres de sopa de hortelã-pimenta seca e pétalas de rosas vermelhas perfumadas e, em seguida, 1 colher de sopa de flores de maracujá secas e folhas de valeriana. Misture bem e guarde em um frasco com tampa. Use de 1 a 2 colheres de chá dessa mistura para uma xícara de chá; adicione 1 xícara de água recém-fervida, deixe em infusão por 5 a 10 minutos, depois coe e beba de forma tranquila e reflexiva antes de meditar ou ir para a cama.

Chá Espíritos Gentis

Esta ideia, extraída do maravilhoso livro *Witch in the Kitchen,* de Cait Johnson, que está sempre em minha estante de livros de receitas, é ideal para adivinhação e conexão com espíritos em todos os níveis. O principal ingrediente desta mistura é a artemísia (losna), uma erva poderosa para acessar a sabedoria interior. A palha de aveia é calmante e torna a pessoa mais aberta e receptiva à magia. Depois de beber este chá, você também pode usar as folhas para fazer vidência ou leitura de folhas de chá; leia mais sobre isso no capítulo 13. Observe que este chá não é adequado para uso durante a gravidez.

Coloque 2-3 colheres de sopa de folhas de artemísia (losna) secas esfareladas em uma xícara grande e adicione 2 colheres de sopa de palha de aveia seca. Acrescente ½ canela em pau e despeje sobre 1 xícara de água recém-fervida. Deixe em infusão por 15 minutos, depois coe e adoce a gosto, se necessário, com mel ou xarope de bordo. Tome o chá bem devagar e em silêncio, saboreando seu rico sabor de terra e colheita. Permita-se vagar por diferentes lugares e épocas em sua mente e sinta a presença reconfortante dos espíritos que você conheceu neste plano terreno; eles ainda estão com você, trazendo ajuda e orientação.

Chá para Aliviar o Luto

Às vezes, o luto pode parecer avassalador, especialmente se perdemos recentemente alguém muito querido – sentimos como se nossos corações estivessem cobertos por uma nuvem escura de tristeza, que simplesmente não vai embora, é coisa demais para lidar! Se estiver passando por esse momento doloroso, sugiro que experimente esta mistura de chá perfumado; embora obviamente não possa eliminar a dor emocional e a perda, suas qualidades suaves e edificantes fazem com que tudo pareça mais fácil de suportar à medida que lentamente nos soltamos e relaxamos.

Coloque em uma caneca ou xícara grande: ¼ de xícara de folhas frescas e perfumadas de gerânio (ou você pode usar 2 colheres de sopa de folhas secas, esfareladas), 1 canela em pau, ½ colher de chá de sementes de cominho, 1 anis-estrelado e 1 punhado de pétalas de rosas secas perfumadas. Despeje 1 xícara de água recém-fervida sobre as ervas e deixe em infusão por 10 minutos. Coe e adoce a gosto, se desejar. Tome um gole lentamente e com atenção; permita que a magia das ervas e especiarias alivie e suavize a dor do luto que você sente.

Chá dos Ancestrais de Julia

Eu me considero muito abençoada por ter nascido e crescido na África, um continente tão rico em história, mitos e magia. A maioria dos africanos, e certamente os da África do Sul, meu país, são muito próximos e respeitam seus antepassados. Eles invocam suas bênçãos e orientações nas atividades cotidianas, bem como em ocasiões especiais. Julia, que era uma das minhas amigas mais antigas e queridas e que tinha a risada mais alegre que já ouvi, costumava preparar este chá simples e se sentar em silêncio no escuro de seu quarto "apenas conversando com os espíritos", como ela dizia. Ainda sinto sua falta, mas quando preparo este chá, sei que ela e eu continuamos nossa conversa contínua.

É muito simples: prepare uma xícara de chá de rooibos bem forte. Em seguida, misture um pouco de gengibre picado, um pouco de hortelã seca e alguns cravos-da-índia. Deixe repousar por 5 minutos, coe e sirva. Este chá é tradicionalmente feito com leite e muito açúcar, mas você pode omitir esses ingredientes se preferir!

Ao preparar alimentos para servir com este chá, é uma ideia especialmente agradável fazer algo que faça parte da sua história alimentar com os espíritos que você vai homenagear – talvez algo que eles tenham cozinhado para você ou uma receita que tenha sido passada de geração em geração. Isso cria um charme extra para a sua celebração com chá!

Bolo Guinness com Cobertura Meia-noite

Este bolo escuro e saboroso deve muito de seu rico sabor à inclusão da cerveja irlandesa Guinness, mas você pode substituir por outra cerveja preta se preferir. Acho este bolo a conclusão perfeita para uma Cerimônia de Chá que envolve espíritos e memórias, pois sua cor escura evoca a noite pela qual temos que passar para alcançar um novo entendimento e modo de ser. Além disso, a cerveja Guinness ecoa o espírito celta, que é particularmente poderoso neste momento liminar.

Pré-aqueça o forno a 180 °C.

Unte bem duas formas de bolo de 20 cm.

Você vai precisar de:

- ⅓ de xícara de cacau em pó escuro
- ½ colher de chá de bicarbonato de sódio
- 1 colher de chá de extrato de baunilha
- 1 colher de chá de fermento em pó
- 1 xícara de cerveja Guinness
- 1 ½ barra de manteiga sem sal, amolecida
- 1 ¾ xícara de açúcar
- 2 xícaras de farinha para bolo
- 4 ovos
- Uma pitada de sal

Peneire a farinha, o cacau, o fermento em pó, o bicarbonato de sódio e o sal juntos; reserve. Em uma tigela grande, bata a manteiga e o açúcar até obter um creme macio e claro. Em seguida, adicione os ovos, um de cada vez, até que a mistura fique bem homogênea. Adicione a mistura de farinha e a cerveja Guinness alternadamente à mistura de manteiga e misture bem para formar uma massa homogênea. Acrescente o extrato de baunilha.

Divida a massa igualmente entre as duas formas de bolo e asse por 25 a 30 minutos ou até que os bolos tenham crescido e estejam prontos. Deixe esfriar nas formas por 10 minutos e, em seguida, vire-as sobre uma grade para esfriar completamente. Faça a *cobertura meia-noite* a seguir e espalhe-a generosamente no meio e na parte superior do bolo resfriado. Eu gosto de enfeitar com algumas folhas verdes frescas comestíveis, como hortelã ou tomilho-limão – talvez isso seja apenas para refletir o lado irlandês da cerveja Guinness!

Cobertura meia-noite:
Combine 1 ½ barra de manteiga amolecida sem sal, ½ xícara de cacau escuro, 2 xícaras de açúcar de confeiteiro e 2 colheres de sopa de cerveja Guinness em uma tigela grande e bata bem (uma batedeira elétrica facilita muito este trabalho) até que a cobertura fique lisa e fofa. Talvez seja necessário adicionar mais açúcar de confeiteiro se a cobertura estiver um pouco líquida. Tanto a cobertura quanto o bolo se conservam bem armazenados hermeticamente na geladeira por alguns dias.

Rende de 8 a 12 fatias de bolo.

Muffins de Alecrim e Abóbora

Brilhantes e abundantes, as abóboras estão obviamente intrinsecamente ligadas ao *Samhain*, ao *Halloween* e a outros festivais que lembram aqueles que perdemos e celebram suas vidas. O alecrim também é uma bela erva antiga usada em cerimônias em homenagem àqueles que já faleceram e também pode trazer o conforto e a coragem necessários quando estamos de luto. Esta receita pode ser assada como um único pão ou como muffins, que é como eu prefiro; eles ficam melhores quando servidos quentes e frescos, com bastante manteiga e queijo (cremoso ou cottage) ou mel. Observe que não é necessário cozinhar a abóbora para esta receita, mas certifique-se de usar uma abóbora macia e não fibrosa e que a polpa esteja bem ralada ou desfiada.

Preaqueça o forno a 200 °C.

Unte bem 12 formas de muffin ou use forros de papel.

Você vai precisar de:

- ¼ de xícara de azeite de oliva
- 1 ¼ de xícara de abóbora ralada
- 1 ¼ de xícara de polenta ou fubá amarelo
- 1 colher de sopa de fermento em pó
- 1 colher de sopa de mel
- 1 xícara de farinha para bolo
- 1 xícara de leitelho (buttermilk)
- 2 colheres de sopa de alecrim finamente picado
- 2 colheres de sopa de parmesão ralado (opcional)
- 2 ovos batidos

Em uma tigela grande, misture a farinha, a polenta e o fermento em pó. Em seguida, acrescente o mel, a abóbora e o alecrim. Em outra tigela, bata o leitelho, os ovos e o óleo juntos, adicione à mistura de farinha e misture bem para formar uma massa. Divida a massa igualmente entre as forminhas de muffin preparadas e alise a parte superior; espalhe um pouco de parmesão em cada muffin, se estiver usando.

Asse os muffins por 20 a 25 minutos ou até que tenham crescido e sejam testados com um espeto. Deixe esfriar rapidamente em uma grade e sirva em seguida.

Mini Frittatas de Pimentão e Cogumelos

As frittatas são como quiches, mas sem crosta, fáceis de preparar e deliciosamente saborosas. Você pode congelá-las e aquecê-las rapidamente no forno. Se preferir, os cogumelos podem ser substituídos por bacon ou um pouco de espinafre bebê cozido e picado.

Preaqueça o forno a 180 °C.

Unte de 6 a 8 forminhas individuais para quiche ou forminhas grandes para muffins.

Você vai precisar de:

- ¼ de xícara de farinha para bolo
- ½ xícara de cheddar ralado
- 1 cebola pequena picada
- 1 pimentão vermelho pequeno, sem sementes e picado
- 1 xícara de creme de leite
- 2 colheres de sopa de parmesão ralado
- 2 ovos
- 100 gramas de cogumelos botão, cortados em fatias finas
- Azeite de oliva
- Sal e pimenta-do-reino a gosto
- Salsa de folha plana picada

Frite a cebola, os cogumelos e a pimenta em um pouco de azeite de oliva até ficarem macios e cozidos. Deixe esfriar. Em uma tigela, bata os ovos, o creme de leite, a farinha, os queijos, o sal e a pimenta até obter uma mistura espessa e espumosa. Divida a mistura de cogumelos entre as formas individuais e em seguida despeje a mistura de ovos uniformemente em cada forma. Leve ao forno por 25 a 30 minutos ou até dourar. Deixe esfriar e sirva quente polvilhado com salsinha picada.

Faz de 6 a 8 frittatas individuais.

Em meio ao inverno,
descobri que havia,
dentro de mim,
um verão invencível.

Albert Camus

24

Um Chá de Bênçãos e Conforto para o Inverno[1]

Inverno... o ano está ficando velho; os dias são curtos, as noites longas e geladas. Talvez seja por isso que muitas tradições e celebrações se concentram no final do ano como um antídoto brilhante e alegre para a escuridão fria – ou, como um amigo meu disse certa vez, de forma um tanto cínica: "Talvez seja apenas uma forma de celebrar o fato de termos conseguido passar por mais um ano!"

Mas o fato real é que precisamos celebrar o inverno, assim como precisamos celebrar a Roda do Ano em todos os seus variados humores e cores. Nesta época, precisamos fazer uma pausa e refletir sobre o tempo que acabou de passar, bem como pensar de forma significativa e positiva sobre o que queremos trazer para o ano que está chegando. O inverno, com seus muitos feriados e festividades, é um convite para compartilhar e celebrar coisas boas e bênçãos, mas também um momento para pensar com calma e permitir que a intuição nos guie. A chave é encontrar um equilíbrio entre os dois, especialmente em uma estação que pode ser marcada por excesso de ocupação e estresse em muitos níveis, sem mencionar o consumo e, às vezes, os gastos excessivos.

---

1. A Roda do Ano que a autora utiliza neste livro é referente ao Hemisfério Norte, portanto, o inverno se inicia no mês de dezembro. Para nós, que moramos no Hemisfério Sul, basta utilizar as receitas durante o nosso inverno, que se inicia no mês de junho.

Chá de Inverno à Maneira Escandinava

Há alguns anos, o estilo de vida dinamarquês conhecido como *hygge* (pronuncia-se *hioo-gah*) apareceu pela primeira vez no radar de todos e, por um tempo, foi tema de inúmeros livros, artigos de revistas e muito mais – tanto que acho que todo mundo ficou um pouco enjoado dele. Entretanto, o verdadeiro *ethos* e a razão por trás do estilo de vida *hygge* é algo que todos nós deveríamos abraçar ativamente, especialmente como Bruxos e Bruxas Verdes, pois está relacionado à vida com simplicidade, calor e respeito pelo mundo natural e pelas mudanças de estação da Terra.

Fika é uma palavra sueca que se refere à prática de se reunir com a família, amigos, colegas de trabalho ou até mesmo sozinho para uma pausa no dia agitado – uma pausa que geralmente envolve algo quente para beber e um pouco de doce para comer; portanto, ela se encaixa perfeitamente nos gostos e rituais da hora do chá. O *hygge* é frequentemente associado aos meses de inverno, provavelmente devido a suas raízes escandinavas, e é certamente a maneira perfeita de aproveitar os dias frios e a escuridão precoce, com muitas velas, luz de fogueira, se possível, roupas quentes e algo ainda mais quente para beber – mas é claro que podemos acrescentar um pouco de *hygge* a qualquer hora do chá adicionando velas, colhendo flores (algo simples como um jarro de margaridas ou dentes-de-leão) e usando decorações naturais como conchas e tigelas de madeira para decorar a mesa de chá. Coloque as velas votivas em um suporte de vidro e adicione algumas gotas de óleo essencial: lavanda para paz e harmonia, rosa para amor e amizade ou jasmim para aumentar a energia e a positividade.

Todos nós precisamos e desejamos encontrar significado em nossa vida, mas geralmente o procuramos em aventuras e novas experiências que estão fora da rotina diária. A hora do chá – e o *hygge* – nos mostram que é precisamente na vida cotidiana que a verdadeira magia e o significado podem ser encontrados. Podemos preparar uma xícara de chá e nos sentar, sozinhos ou com alguém de quem gostamos, e encontrar a verdadeira alegria nesses momentos. O sagrado está sempre conosco e dentro de nós.

Criando Magia com Chá Festivo

Os Bruxos Verdes sabem que esta é uma época de compartilhar e festejar juntos, pois, como seres humanos, sempre tivemos o instinto de nos sustentarmos e uns aos outros por meio dos alimentos que cultivamos, colhemos, preparamos e consumimos. Infelizmente, no entanto, a dura realidade da vida moderna acaba relegando as tradições de compartilhar refeições e celebrações para segundo plano em relação aos *fast food* e às entregas de jantares prontos. A época de Yule – do Solstício de Inverno, o lento retorno à luz – é o momento perfeito para mudar isso e voltar a se conectar em amor e celebração ao redor da mesa da cozinha.

Sempre achei que preparar e oferecer um chá festivo nesta época é uma maneira particularmente adorável e inclusiva de comemorar sem o consumo excessivo de alimentos e bebidas alcoólicas que muitas vezes acompanha outras festas de inverno. Com os chás que escolhemos e os rituais simples que oferecemos, podemos criar uma atmosfera alegre e comemorativa e, ao mesmo tempo, uma maneira de nos reconectarmos uns com os outros e com a terra que nos sustentou durante o ano.

Criar um ambiente verdadeiramente festivo para um chá de bênçãos de inverno pode ser tão simples ou ornamentado quanto quiser. Se você realmente gosta de brilho e glitter, vá em frente, mas para ser sincera, eu prefiro manter o ambiente o mais verde e natural possível, com elementos coletados na floresta ou em jardins, como pinhas, ramos de frutas vermelhas e galhos de vegetação natural dispostos em jarras ou vasos ou colocados sobre janelas e portas. As velas – eu prefiro as brancas, pois elas refletem o brilho nítido da neve recém-caída e também indicam os dons da quietude e da paz interior – são uma parte indispensável de um ambiente de chá de inverno. As frutas cítricas são outro presente brilhante e ensolarado dos meses de inverno, portanto, fatias secas de laranja e limão podem ser adicionadas a guirlandas ou você pode simplesmente empilhá-las em uma tigela de madeira.

Tenho a sorte de ter um conjunto de xícaras e pratos simples de cerâmica creme que combinam bem com o tema natural; também tenho um bule maravilhoso (comprado na Inglaterra há muitas luas) que é branco, mas enfeitado com ramos de bagas de azevinho brilhantes. Só de olhar para ele já nos sentimos festivos! Obviamente, você escolherá seus próprios favoritos para suas celebrações de chá, mas acima de tudo, mantenha a simplicidade e a alegria. Como parte da configuração da mesa de chá, você também pode considerar incluir alguns guardanapos simples feitos de chita ou tecido de algodão xadrez vermelho, que acrescentam um toque extra de cor à mesa. Eu sempre gosto de acrescentar um belo pote de mel orgânico dourado à mesa, não apenas para adoçar o chá, mas como um símbolo da incrível generosidade que nos cerca todos os dias. O mel é um poderoso lembrete de tudo pelo que devemos ser gratos em nossa vida à medida que avançamos para um novo ano com suas bênçãos ainda desconhecidas e novas experiências.

Quando todos os convidados tiverem chegado para a celebração do chá, acenda as velas que você escolheu e reúnam-se ao redor da mesa, juntando as mãos enquanto um pessoa ou todos juntos dizem a seguinte oração e bênção simples de Natal:

Estamos reunidos neste momento profundo e sagrado.
Honramos a nós mesmos e uns aos outros. Honramos nossa mãe,
a Terra, que nos manteve e sustentou durante este ano.
Que possamos compartilhar suas dádivas generosamente, com
amor, e que sempre nos lembremos de que estamos conectados,
que fazemos parte da mesma rede, do mesmo mistério.
Que todos os que compartilham isso sejam abençoados,
estejam seguros e sejam gratos, hoje e sempre. E assim é!

Você pode incluir um feitiço simples ou um ritual de purificação no início desta cerimônia, que eu também adaptei do livro *Witch in the Kitchen*, de Cait Johnson.

Encha uma tigela pequena com água de nascente e adicione algumas colheres de chá de sal marinho. Mexa até que o sal se dissolva no líquido. Em seguida, pegue algumas folhas secas de louro. Mergulhe as folhas na água e use-as para borrifar o líquido nos cantos da cozinha ou do cômodo onde estiver realizando a celebração do chá. Borrife um pouco do líquido levemente sobre a mesa também.

Diga suavemente a seguinte invocação e bênção silenciosa:

Mantenha-nos a salvo de qualquer mal, mantenha-nos dentro
da rede verde e mágica de proteção e cura da Terra, hoje e sempre.
Abençoado seja!

Velas Votivas para Bênção

Você pode fazer várias dessas velas – grandes ou pequenas, dependendo do tamanho do vidro e das velas que escolher. Elas ficam lindas dispostas no centro da mesa de chá, mas também podem ser dadas como pequenos presentes para seus convidados levarem como uma lembrança perfumada e oportuna do momento que todos vocês acabaram de compartilhar.

Basicamente, você precisa de porta-velas de vidro e pequenas velas brancas ou *tealights*. Fixe as velas firmemente na base do suporte ou no vidro. Se o espaço permitir, você pode colocar alguns cristais pequenos ao redor da vela, como quartzo-transparente ou quartzo-rosa. Reúna alguns ramos de folhagens de inverno, como azevinho, pinheiro ou abeto, bem como algumas ervas secas, como sálvia, alecrim ou lavanda ou paus de canela, são todas as possibilidades. Use um pedaço de barbante forte ou fita decorativa para amarrar a vegetação e as ervas escolhidas na lateral do vidro, cortando-as se estiverem muito longas. É muito importante que nenhuma das plantas entre em contato com a chama da vela, criando, assim, um risco de incêndio.

Essas luzes carregam todos os tipos de intenções mágicas e pacíficas e devem ser acesas não apenas na festa do chá, mas também sempre que quisermos iluminar nosso caminho para um futuro novo e mais alegre no próximo ano.

Chá Hygge para Inspiração

Hygge é um conceito dinamarquês que abraça aconchego, conforto e bem-estar. Perfeito para uma tarde de fim de inverno. Muitas vezes são adicionadas frutas vermelhas e especiarias a este chá, além de um toque de álcool. Embora não seja alcoólico e possa ser servido a qualquer pessoa, você pode adicionar um pouco de rum ou conhaque a este chá se estiver muito frio lá fora!

Em uma panela grande, misture 4 xícaras de água, 2 xícaras de suco de maçã, uva vermelha ou cranberry sem açúcar e 3 saquinhos de chá English Breakfast. Acrescente 2 fatias de laranja, ¼ de xícara de açúcar mascavo suave, 1 canela em pau, 2 cravos-da-índia inteiros, 1 anis-estrelado e 1 pitada de noz-moscada ralada. Cozinhe em fogo baixo até que as especiarias tenham entrado em infusão e a mistura esteja quente. Verifique o tempero, pois pode ser necessário adicionar um pouco mais de açúcar, dependendo do gosto pessoal. Coe o líquido em uma jarra ou tigela resistente ao calor e adicione mais algumas fatias de laranja e também algumas cranberries, se desejar. Sirva em pequenas canecas de vidro, tome um gole e relaxe.

Chá para Conexão Espiritual

Esta é a época do ano em que geralmente temos a oportunidade de nos reconectar com entes queridos, amigos e familiares dos quais podemos ter nos afastado, física ou emocionalmente, durante os doze meses anteriores. E é importante que façamos isso, pois é em nossas conexões que encontramos nossa maior humanidade e força, mesmo que às vezes essas mesmas pessoas nos deixem loucos! Compartilhar este chá simples e apimentado é uma boa maneira de se reconectar e possivelmente quebrar quaisquer barreiras que possam ter sido erguidas, intencional ou inconscientemente.

Para fazer esta mistura de chá, combine 2 partes de tomilho seco com 1 parte de alecrim seco, alguns cravos-da-índia, 3 folhas de louro, 1 vagem de anis-estrelado e a casca seca e picada de 1 laranja pequena. Armazene em um pequeno frasco ou lata hermética. Para fazer uma xícara de chá, coloque 2 colheres de chá da mistura em uma xícara, adicione 1 xícara de água recém-fervida e deixe em infusão por 10 a 15 minutos. Coe e sirva. Este chá fica particularmente bom adoçado com mel, e você também pode adicionar 1 pitada de rum ou conhaque (como um bom amigo meu faz) para melhorar as vibrações positivas gerais!

Chá de Erva-doce e Hortelã para o Estômago

Às vezes, apesar de nossas melhores intenções, tendemos a comer e beber um pouco demais durante as festividades e comemorações de fim de ano e acabamos com o estômago enjoado e a barriga inchada e dolorida. Fazer uma jarra deste chá garante que você sempre terá um remédio natural e eficaz à mão; a erva-doce (ou funcho) é usada como digestivo desde os tempos gregos e romanos, e o gengibre, a camomila e a hortelã-pimenta são calmantes e relaxantes para o estômago. Você pode armazenar as sobras do chá na geladeira e tomá-lo frio ou aquecê-lo levemente, conforme necessário.

Coloque 1 colher de sopa de sementes de erva-doce trituradas em uma jarra e adicione 1 colher de sopa de folhas de hortelã-pimenta secas e um punhado de flores de camomila secas. Descasque e corte em fatias finas 1 pedaço de gengibre fresco de 2,5 cm e adicione às ervas. Despeje 2 a 3 xícaras de água recém-fervida sobre as ervas e deixe em infusão por 10 a 15 minutos. Coe e adoce com mel.

Chá para Resfriados de Inverno

O inverno pode ser uma estação mágica em muitos níveis, mas infelizmente, também costuma trazer consigo o sofrimento de resfriados, gripes, dores de garganta e outros males que nos tornam menos capazes de aproveitar a época ao máximo. Esta é uma antiga receita de chá da família que pode ser feita com ervas secas e flores colhidas nos jardins de verão. Ela contém magia e cura em cada xícara aromática.

Coloque 1 colher de chá de flores secas de sabugueiro, folhas de hortelã-pimenta e raiz de equinácea em uma xícara e adicione ½ colher de chá de gengibre fresco finamente ralado. Encha a xícara com água quente e deixe em infusão por 15 minutos. Coe, adoce com um pouco de mel e adicione 1 fatia fina de limão a cada xícara antes de servir.

Chá para Abundância e Prosperidade

A infeliz verdade é que os meses de inverno e as festas de fim de ano também trazem consigo sua cota de estresse – e muitas vezes esse estresse é financeiro, especialmente nestes tempos bastante difíceis. Muitos de nós podem se preocupar em como esticar o orçamento e se serão capazes de lidar com as demandas financeiras do novo ano que se aproxima.

Embora eu não esteja sugerindo que beber esse chá o ajudará a ganhar na loteria, as ervas e especiarias incluídas nele estão todas associadas à abundância em algum nível, e acredito que, em última análise, é isso que todos nós estamos buscando: abundância para nossa vida, nosso futuro e nosso coração.

Coloque 2 colheres de chá de chá verde em sua xícara e em seguida adicione 1 colher de chá de erva-cidreira seca, ½ colher de chá de folhas de tomilho secas e 1 pitada de canela em pó. Despeje 1 xícara de água recém-fervida sobre as ervas, deixe em infusão por 5 minutos, coe e sirva adoçado com um pouco de mel, que carrega suas próprias energias de abundância e manifestação. Mexa o chá três vezes no sentido horário enquanto permite que seus olhos internos vejam sua vida como totalmente abundante e abençoada em todas as coisas; em seguida beba lentamente e de forma pacífica, sabendo que todas as coisas acabam chegando até nós em seu próprio tempo sagrado.

Bolinhos de Chá

Na verdade não são exatamente bolos, esta receita muito antiga é de um biscoito macio e amanteigado que derrete na boca. Uma adição deliciosa a praticamente qualquer ocasião de chá, esses bolinhos são guloseimas adoráveis e coloridas para o inverno. Você pode variar o sabor dos recheios de acordo com seu gosto pessoal; eu usei coalhada de limão, doce de leite, conservas de morango ou damasco e uma colher de chocolate derretido (particularmente agradável), após o que os biscoitos podem ser polvilhados com hortelã picada bem fininha ou raspas de laranja. Para as festas de fim de ano, eles ficam particularmente bons polvilhados com açúcar extra.

Preaqueça o forno a 180 °C.

Forre 24 formas de muffin pequenas (2,5 cm) com forros de papel.

Você vai precisar de:

- ⅓ de xícara de açúcar de confeiteiro e mais um pouco para polvilhar
- 1 colher de chá de extrato de baunilha
- 1 colher de chá de fermento em pó
- 1 xícara de farinha para bolo
- 1 ½ colher de manteiga sem sal, amolecida
- 2 colheres de sopa de amido de milho
- Coalhada de limão, conservas, chocolate, etc.

Bata bem a manteiga, o açúcar e a baunilha até que a mistura fique leve e fofa. Peneire o amido de milho, a farinha e o fermento em pó juntos. Em seguida, adicione à mistura de manteiga e misture até formar uma massa macia. Enrole a massa em pequenas bolas e coloque-as nas forminhas de muffin preparadas e forradas. Use uma colher de pau para fazer um recorte no meio de cada biscoito, que deve ser bastante profundo, mas não ir até o fundo.

Asse os bolinhos de chá por 15 a 20 minutos ou até que estejam dourados, depois, deixe esfriar por 20 minutos. Use uma colher de chá para colocar o recheio de sua escolha na reentrância de cada bolo. Polvilhe generosamente os bolos com o açúcar de confeiteiro extra e deixe esfriar completamente antes de servir.

Bolo de Natal da Nonna

Este bolo de frutas escuro e saboroso não é muito diferente do tradicional bolo panforte italiano; ele se conserva bem por muito tempo, especialmente se o regar com um pouco mais de conhaque. É uma oferta perfeita para os chás de inverno, com toda a magia das frutas e do mel! Você pode usar rum ou uísque em vez de conhaque, se preferir, ou usar suco de laranja para um bolo sem álcool.

Preaqueça o forno a 150 °C.

Unte bem uma forma de bolo redonda de 20 ou 22 centímetros e forre-a com papel manteiga.

Você vai precisar de:

- ¼ de xícara de conhaque
- ⅓ de xícara de mel
- ½ colher de chá de noz-moscada
- ½ xícara de amêndoas fatiadas
- ½ xícara de cerejas glaceadas picadas
- 1 ¼ xícara de farinha
- 100 gramas de passas, picadas
- 100 gramas de tâmaras, finamente picadas
- 3 ovos
- Casca de 1 laranja picada

Coloque os cinco primeiros ingredientes em uma tigela grande e, em seguida, bata levemente os ovos e adicione-os à mistura com o mel, a farinha e a noz-moscada. Misture até que a massa esteja bem combinada e acrescente o conhaque. Espalhe a mistura uniformemente na forma de bolo preparada e leve ao forno por 1 hora ou até que esteja pronto. Deixe esfriar na forma e depois guarde em um recipiente hermético ou embrulhe bem em papel-alumínio. De vez em quando, borrife um pouco mais de conhaque na parte superior do bolo para mantê-lo úmido.

Serve de 8 a 10 pessoas quando cortado em fatias finas.

Gotas de Yule

Estes biscoitinhos macios são cheios de especiarias e frutas. Nunca fui uma grande fã dos biscoitos de especiarias duros e crocantes tradicionalmente feitos nesta época do ano, eu prefiro estes! Você pode acrescentar as frutas secas e as nozes que preferir, desde que o peso total seja de cerca de 2,5 gramas. Eu gosto de acrescentar algumas cranberries secas para dar um toque de sabor acentuado! Observe que você deve deixar as frutas de molho no chá ou conhaque durante a noite, portanto, comece a prepará-las no dia anterior ao que planeja assá-las.

Preaqueça o forno a 160 °C.

Unte bem uma assadeira grande.

Você vai precisar de:

- ½ colher de chá de bicarbonato de sódio
- ½ colher de chá de gengibre moído
- ½ xícara de açúcar mascavo escuro
- ½ xícara de chá frio com especiarias ou conhaque
- ½ xícara de nozes picadas (opcional)
- 1 barra de manteiga sem sal, amolecida
- 1 colher de chá de canela em pó
- 1 colher de chá de noz-moscada moída
- 2 colheres de sopa de melaço
- 2 ovos
- 2 xícaras de farinha para bolo
- 200 gramas de frutas secas, como passas ou groselhas

Deixe as frutas de molho no líquido, de preferência durante a noite. No dia seguinte, escorra e reserve o líquido.

Em uma tigela grande, bata a manteiga, o açúcar e o melaço até que a mistura fique clara e fofa. Acrescente os ovos, um de cada vez. Peneire a farinha com o bicarbonato de sódio e as especiarias e adicione à mistura de manteiga. Em seguida, adicione as frutas e o líquido em que elas ficaram de molho; se a massa estiver muito dura, acrescente algumas colheres de sopa de leite. Por fim, adicione as nozes picadas, se estiver usando-as.

Coloque colheradas da massa na assadeira preparada, deixando um pequeno espaço entre os biscoitos, e leve ao forno por 15 a 20 minutos ou até que fiquem dourados. Deixe esfriar sobre uma grade e guarde em um recipiente hermético.

Rende de 20 a 30 biscoitos.

Você deve viver no presente, lançar-se em cada onda, encontrar sua eternidade em cada momento.

Henry David Thoreau

25

ERVAS, ESPECIARIAS, PLANTAS E FLORES USADAS PARA CHÁS

Este capítulo serve como uma referência rápida para a preparação de chás e magia. Inclui aqui, informações básicas sobre as plantas usadas para a preparação de chás: isso inclui seus usos gerais e para a saúde, correspondências mágicas e espirituais e contraindicações de uso, se houver. Observe que este é apenas um guia para as plantas mais conhecidas e disponíveis usadas para fins de chá, que geralmente podem ser cultivadas ou compradas em muitas áreas do mundo. É claro que existem muitas outras ervas e chás específicos de determinados países e culturas, mas, para este livro, optei por mantê-lo bastante simples e acessível. Você pode usar esta lista como um trampolim para desenvolver seus próprios chás e misturas exclusivos, de acordo com suas necessidades e preferências pessoais – este é o objetivo final e a experiência de ser uma Bruxa Verde, à medida que viajamos em nossa própria jornada de descoberta e magia.

Lembre-se de que, na medida do possível, você só deve usar ervas (frescas ou secas) que você mesma cultivou ou comprou de uma fonte confiável como uma loja de alimentos naturais ou um mercado de produtores orgânicos. Isso evita a probabilidade de suas ervas serem contaminadas por pesticidas e similares. Eu compro minhas ervas secas de um grupo de lojas de alimentos muito respeitável. Eles não só insistem em que todas as ervas sejam cultivadas organicamente, como também não usam sementes transgênicas nem irradiação em seus produtos.

Para obter informações sobre forrageamento e coleta de ervas e outras plantas na natureza, consulte as notas a partir da página 52.

Em geral, as plantas desta lista são seguras para uso medicinal caseiro e para fins rituais, a descrição de cada uma delas inclui contra-indicações ou precauções gerais para o seu uso. No entanto, há algumas plantas que são altamente tóxicas e não devem ser usadas de forma alguma para chás ou qualquer outra finalidade fitoterápica, embora eu não consiga imaginar que alguém tentaria fazê-lo! A questão é que algumas são exóticas e têm cheiros peculiares (como os lírios-do-vale e a glória-da-manhã, por exemplo), mas são realmente venenosas!

Uma breve lista dessas plantas tóxicas que a maioria de nós pode encontrar em algum momento inclui azáleas, gipsofilas (mosquitinho), clematis, açafrão, narcisos, datura, dedaleira, jacinto, hortênsia, íris, lírio-do-vale, lobélia, glória-da-manhã, oleandro (lindo, mas mortal!), plumbago, poinsétia, bico-de-papagaio, ervilha-de-cheiro, folhas de tomate, trepadeira-da-virgínia, glicínia e teixo.

Duas ervas que levantam algumas questões são a arruda e o poejo. Incluí a arruda nesta seção, porque ela tem algum valor medicinal, mas há muitos herboristas modernos que optam por não usar essa erva e, se você tiver alguma dúvida, é melhor errar por excesso de cautela. O poejo, um membro da família da hortelã, foi amplamente utilizado em um determinado momento, mas não é mais recomendado pelos herboristas.

Abeto (*Abies* spp.)

Há dezenas de membros dessa família de coníferas, todos originalmente nativos do Hemisfério Norte; o óleo essencial é feito de suas resinas pegajosas e tem uma fragrância instantaneamente reconhecível. Um chá feito com as agulhas planas dos abetos pode ajudar com problemas de saúde como dores de cabeça, resfriados, dores de garganta e outras doenças respiratórias. Do ponto de vista emocional, a planta oferece energias edificantes e relaxantes. Acredita-se que o abeto nos ajuda a acessar visões mais elevadas e claras para nossa vida.

Alecrim (*Rosmarinus officinalis*)

Poucos de nós não estão familiarizados com esta erva altamente aromática que tem literalmente centenas de usos na cozinha, para a cura e para praticamente qualquer coisa em que precisemos de seu sabor e fragrância calorosos e estimulantes. Os fortes óleos voláteis do alecrim significam que ele resiste bem à secagem e não perde o sabor no processo, portanto, as folhas frescas ou secas podem ser usadas em chás de ervas e muito mais – com uma ressalva: com o alecrim, menos é mais, pois é uma erva muito poderosa.

Um tônico maravilhoso para o corpo e a mente; limpa e oxigena o sangue e os órgãos, além de aliviar e melhorar problemas digestivos de todos os tipos. No que diz respeito às emoções, o alecrim é realmente mágico – ele ajuda a levantar e estabilizar o mau humor e a ansiedade e é ideal para ser usado quando estamos nos sentindo sem inspiração, sem foco e incapazes de nos concentrar de forma eficaz. O alecrim combina bem com outras ervas, especialmente a lavanda. Um chá que combina essas duas ervas é uma ótima maneira de descontrair e relaxar o corpo e a mente.

Alsine ou maria-mole (*Stellaria media*)

Uma planta anual instantaneamente reconhecível, que cresce em todo o mundo, com pequenas flores brancas em forma de estrela que crescem em galhos longos e rasteiros. Para algumas pessoas, esta planta não passa de uma erva daninha de jardim que deve ser erradicada o mais impiedosamente possível, enquanto para outras ela é comestível e tem valor medicinal.

A Alsine media é rica em vitaminas e minerais, e as folhas frescas podem ser consumidas em saladas ou cozidas como legumes. As folhas, frescas ou secas, também podem ser infundidas em chás; a erva é particularmente conhecida por ajudar a regular a função renal e controlar a retenção de água no corpo. Na medicina popular, ela tinha a reputação de ajudar na fertilidade e também de ser uma erva para acalmar a raiva e o ressentimento, melhorando, assim, os relacionamentos.

Amora-preta *(Rubus fruticosus)*

Um arbusto frutífero tão delicioso e familiar – tanto as folhas quanto os frutos podem ser usados para chás. Uma planta intensamente mágica, a amora está associada à proteção (provavelmente por causa de seus espinhos!), bem como à prosperidade e à fertilidade. A amora é uma das frutas favoritas no mundo das fadas, portanto, se estiver tentando ver as fadas, seria bom fazer um chá gelado usando algumas folhas de amora ou assar algumas bagas em uma torta ou scones.

Em um aspecto mais sério, as infusões de folhas de amora podem ser consumidas para aliviar problemas estomacais ou cistite; elas são um tônico geral e diurético. Entretanto, assim como as framboesas, as amoras podem ser um estimulante uterino, portanto devem ser evitadas nos primeiros meses de gravidez.

Cortada em fatias, a fruta é um ótimo complemento para chás gelados. Você também pode secar a fruta – o que é um pouco complicado – e depois cortá-la finamente e adicioná-la a misturas de chá.

Anis-estrelado *(Illicium verum)*

Nativa da China e do Vietnã, essa bela especiaria com suas sementes em forma de estrela é usada em receitas de carne de porco, frango e sopas, como a *pho vietnamita* (uma sopa de macarrão de arroz tradicional do Vietnã, geralmente servida com ervas frescas, brotos e fatias de carne, cozida em um caldo aromático). Algumas dessas sementes, com seu sabor doce e anisado, podem ser adicionadas a chás e outras bebidas; muito usadas no Oriente para aliviar dor e tosse.

O anis-estrelado é poderoso para criar magia de desejos, aumenta a intuição e nos ajuda a purificar nosso espírito para acessar estados de ser mais profundos e conscientes.

Anis-hissopo *(Agastache foeniculum)*

Esta erva bonita e docemente perfumada faz parte da família da hortelã e suas flores longas e fofas de cor lilás ficam encantadoras em um jardim de ervas; ela também pode ser cultivada em um vaso médio ou em outro recipiente. O hissopo-anis é uma erva de limpeza e purificação, usado como tal por algumas tribos nativas americanas em rituais e cerimônias sagradas. É uma erva suavemente edificante com um sabor suave, porém delicioso, de anis. Em forma de chá, ajuda a elevar o espírito e a aliviar sentimentos tristes e de desânimo. Medicinalmente, pode ser usada para tosses, resfriados e para estimular a transpiração. Crie xaropes de ervas com as folhas e use-os em chás, assados e sobremesas.

Arruda *(Ruta graveolens)*

Na verdade, eu não tinha certeza se deveria incluir esta erva aqui. Pessoalmente, acho seu aroma atraente e repulsivo ao mesmo tempo, mas é uma erva que tem sido usada há centenas de anos, principalmente por seus poderes místicos e de proteção. Também se atribui a ela a melhora da visão e da criatividade: Michelangelo e Leonardo da Vinci afirmaram que a arruda os ajudou a criar suas famosas obras de arte.

As folhas e os caules podem ser usados em infusões e chás, mas você provavelmente terá de adicionar outras ervas ou mel para ajudar a mascarar o sabor amargo e pungente. Aparentemente, o chá melhora a circulação, reduz a pressão arterial e regula a menstruação, mas como não suporto o sabor, não tenho experiência pessoal com isso. Algumas observações de advertência: não use arruda se estiver grávida e, como ela pode ser tóxica em grandes doses, use-a sempre com discrição. Algumas pessoas também desenvolvem irritações na pele ao manusear as folhas de arruda, portanto, é aconselhável usar luvas ao colher a planta.

Artemísia *(Artemisia vulgaris)*

Esta é uma das mais antigas e mágicas de todas as ervas. Tradicionalmente associada à proteção contra espíritos malignos e energias negativas de todos os tipos, esta planta se espalha facilmente no jardim, por isso é melhor plantá-la em vasos; ela deve ser mantida bem aparada. As folhas e raízes colhidas são usadas em aplicações medicinais e mágicas e podem ser utilizadas frescas ou secas. A artemísia ajuda com problemas menstruais, indigestão, febres e insônia.

Erva associada às energias lunares, um chá feito com folhas de artemísia o ajudará a sonhar de forma mais clara e profética. O chá também pode ser usado durante cerimônias ou rituais que invocam o mundo espiritual. A artemísia é uma erva poderosamente protetora para trabalhar contra forças ou entidades negativas, podendo nos guiar por caminhos melhores e mais seguros para o corpo e o espírito.

Observe que a artemísia não deve ser tomada durante a gravidez.

Baunilha *(Vanilla planifolia)*

A baunilha não é uma erva e também não é realmente uma especiaria, mas é indiscutivelmente um dos aromas mais reconhecidos no mundo – quem de nós não conhece seu calor doce em sobremesas e produtos assados? Mas a fava de baunilha, na verdade, vem das vagens de uma orquídea e geralmente é vendida seca; você também pode comprar extrato de baunilha (por favor, não compre essência comercial barata, que não contém valor algum). Para fins de chá, sugiro que compre as vagens secas e raspe cuidadosamente algumas sementes (elas são muito potentes) quando precisar delas. As vagens devem ser mantidas em um recipiente de vidro fechado. As sementes também podem ser adicionadas ao açúcar ou ao mel, o que é ótimo para ser usado em produtos de panificação ou para adoçar chás e outras bebidas.

A baunilha tem propriedades analgésicas e antissépticas leves; no entanto, seus principais benefícios para nós são a capacidade de ajudar a dispersar e aliviar o estresse e a ansiedade e trazer uma sensação de positividade e esperança. A baunilha não é tóxica nem irritante, no entanto, lembre-se de que menos é mais ao usá-la, pois seu sabor e aroma são muito fortes.

Bergamota *(Monarda didyma)*

Também conhecida como "bálsamo de abelha", esta erva é nativa da América do Norte e foi originalmente usada como chá curativo e restaurador pela nação Oswego. Seu sabor é semelhante ao das folhas de laranja bergamota (usadas no chá Earl Grey). Na verdade, uma folha fresca de bálsamo de abelha pode ser adicionada a uma xícara de chá preto para imitar o sabor do Earl Grey. Pode ser usada fresca ou seca, conforme necessário.

Borragem *(Borago officinalis)*

Linda planta também conhecida como "flor-estrela", um nome que é facilmente explicado pelo formato de suas delicadas flores azul-violeta. A borragem é a melhor "erva da felicidade" e tem sido usada por herboristas e curandeiros naturais há séculos por suas propriedades edificantes que ajudam o corpo e o espírito. As abelhas também adoram a borragem e ela é uma excelente planta companheira, especialmente para morangos e tomates.

O chá de borragem ajuda a aliviar os sintomas de tosses, resfriados e febres, pois é refrescante e limpa o corpo como um todo. Com suas propriedades calmantes e suavizantes, também é particularmente útil no alívio da depressão, da ansiedade ou de condições relacionadas ao estresse de todos os tipos.

As flores podem ser usadas frescas ou secas e também podem ser adicionadas a uma jarra de chá gelado.

Buchu *(Barosma betulina)*

Esta é uma planta sul-africana originária do Cabo, onde era usada pelo povo Khoi San como medicamento e por sua agradável fragrância de groselha preta. É uma adição muito saborosa ao armário de chás de ervas. Como erva aquecedora e estimulante, é útil para tonificar várias partes do corpo, especialmente os rins e o sistema urinário.

A menos que moremos na Província do Cabo, é improvável que tenhamos acesso a folhas frescas de buchu, portanto, teremos de nos contentar com as secas que, na verdade, são muito mais fortes e pungentes. O buchu é uma erva extremamente poderosa que deve ser usada com moderação – não mais do que 1 colher de chá por xícara de chá. (Há uma receita antiga que envolve a imersão de folhas de buchu em vinho tinto com cravo-da-índia, especiarias e açúcar e, em seguida, ingerir uma xícara desta mistura para aliviar a dor de resfriados, gripes e febres – não é para os fracos de coração!) Esta erva deve ser sempre usada com moderação e evitada durante a gravidez ou a amamentação.

Calêndula *(Calendula officinalis)*

Usada desde os tempos do Egito Antigo, a calêndula é um membro da família das margaridas e suas flores brilhantes trazem mais sol para qualquer jardim! Tanto as folhas quanto as flores podem ser usadas para chá e outros fins herbáceos; colha e use-as frescas quando estiverem florescendo, depois seque algumas para uso futuro. A calêndula tem muitos usos medicinais, mas, em particular, é um anti-inflamatório e é ótima para aliviar problemas digestivos, infecções (especialmente as de pele), cólicas menstruais, sintomas da menopausa e muito mais.

Em nível emocional, a calêndula pode nos ajudar a resolver crenças prejudiciais ou tóxicas para que possamos seguir em frente com mais energia e uma perspectiva mais positiva. Esta planta brilhante e ensolarada incentiva uma abordagem mais infantil e alegre da nossa vida e de quaisquer problemas que possamos estar enfrentando no momento. A calêndula é uma planta aliada maravilhosamente simples e acessível e deve fazer parte de todos os jardins de chá de ervas. Observe que a calêndula não deve ser usada internamente durante a gravidez ou a amamentação.

Camomila-alemã *(Matricaria recutita)*
Camomila-romana *(Anthemis nobilis)*

Estas plantas, muito semelhantes em seus usos, são essenciais em qualquer repertório de chá de ervas. Uma planta delicada e de aroma adocicado, a camomila ajuda a nos trazer de volta ao "lado ensolarado da rua", removendo bloqueios e desafios, sejam eles provenientes de nosso próprio pensamento ou resultado de influências negativas externas. O chá de camomila é provavelmente mais conhecido por nos ajudar a ter uma noite de sono boa e tranquila, aliviando a ansiedade

Ervas, Especiarias, Plantas e Flores Usadas para Chás

noturna e os medos que podem nos manter acordados nas primeiras horas da manhã, olhando para a escuridão. Também funciona muito bem para crianças.

A camomila é boa tanto para fins medicinais quanto magicamente, pois essa planta é tradicionalmente conhecida por apoiar as energias vitais em vários níveis. É um anti-inflamatório e analgésico ideal para tratar problemas digestivos, problemas de pele, infecções do trato urinário e problemas menstruais, inclusive TPM e cólicas. A nível espiritual, a camomila nos ajuda a lidar com a raiva e a sensação de estarmos desconectados da vida, e é particularmente boa quando estamos passando pela dor do luto e da perda.

Canela *(Cinnamomum verum)*
Provavelmente uma das mais conhecidas e úteis de todas as especiarias. Com seu familiar aroma e sabor quentes, a canela é versátil e pode ser usada para fins culinários, medicinais e cosméticos. A canela é repleta de energia solar, o que confere à especiaria suas propriedades de aquecimento, energização e cura. O chá de canela – seja sozinho ou adicionado a outras misturas de chá – é maravilhoso quando usado em rituais de todos os tipos, especialmente os que envolvem conexão espiritual, adivinhação e cura. É um remédio antigo para problemas estomacais, inclusive náusea e diarreia, e também é útil para doenças de inverno, como tosse, resfriados e infecções sinusais. A canela reduz a pressão arterial elevada, uma das principais causas de doenças cardíacas e derrames. Entretanto, não deve ser usada em grandes quantidades por diabéticos, pois reduz os níveis de açúcar no sangue. Pessoas com problemas hepáticos, mulheres grávidas ou que estejam amamentando e crianças muito pequenas devem usar a canela com moderação.

Capim-de-nossa-senhora *(Alchemilla* spp.)
Esta erva antiga e curativa é nativa das montanhas da Europa, Ásia e América e cresce bem na proteção úmida e sombria de bosques e árvores. Nos tempos medievais, acreditava-se que o orvalho coletado

das folhas dessa planta preservaria a juventude e a beleza da mulher, além de protegê-la de quaisquer forças malévolas. Ela também era sagrada para a Virgem Maria, daí o nome.

Capim-limão (*Cymbopogon citratus*)

Outra erva geralmente usada para fins culinários, especialmente na culinária do Extremo Oriente. O capim-limão também é poderoso magicamente e é tradicionalmente usado para proteção e remoção de forças negativas, seja do corpo ou da casa. Os caules do capim-limão são bastante duros, mas podem ser usados inteiros quando adicionados a líquidos ferventes; como alternativa, retire as camadas externas duras e pique finamente os caules internos mais tenros antes de adicioná-los a chás, águas aromatizadas ou sobremesas.

O capim-limão tem propriedades calmantes, antidepressivas e sedativas e pode ser usado para aliviar dores nas articulações, nas costas e de cabeça. Tradicionalmente, ele é usado para aumentar a criatividade e proporcionar maior clareza mental e foco. É dito também que o capim-limão fortalece os poderes psíquicos e pode ser usado em receitas mágicas como substituto da artemísia.

Evite o uso medicinal do capim-limão se estiver grávida ou amamentando; as hastes podem irritar a pele sensível.

Capuchinha (*Tropaeolum majus*)

Esta planta brilhante e alegre é uma das grandes favoritas nos jardins, e isso é compreensível: além de adicionar uma explosão de cores brilhantes, é uma erva verdadeiramente multiuso – sementes, flores e folhas têm usos medicinais e culinários. Muito fácil de cultivar, ela também se dá bem em vasos e recipientes e as variedades rasteiras vão muito bem em cestas suspensas.

Suas folhas e flores são extremamente ricas em vitamina C e fortalecem o sistema imunológico, além de terem propriedades antissépticas e digestivas. Podem ser usadas para fazer tisanas ou picadas e polvilhadas em jarras de chá gelado ou como guarnição de produtos assados.

As capuchinhas são cheias de vibrações positivas e promovem a felicidade, algo fácil de entender quando se olha para suas flores abertas e ensolaradas. Acrescente a capuchinha ao chá quando precisar dissipar algumas nuvens escuras da mente ou do humor e encontrar uma perspectiva mais brilhante.

Cardamomo *(Elettaria cardamomum)*

Com seu sabor e fragrância quentes e evocativas, esta especiaria existe desde a antiguidade e foi usada pelos egípcios, gregos e romanos antes de chegar à Europa pelas lendárias rotas de caravanas, muito usada em toda a África e no Oriente Médio, tanto na cozinha quanto como tempero medicinal.

Estas sementes perfumadas são um excelente remédio digestivo, ajudam com problemas bucais e gengivais (inclusive mau hálito) e também é um analgésico suave, mas eficaz, principalmente para dores de dente e de garganta. No nível emocional, o cardamomo aumenta os sentimentos de amor e desejo, portanto, é ideal quando você deseja trazer um pouco mais de romance para sua vida! Mais do que isso, porém, essa especiaria está ligada à amizade e à conexão de todos os tipos e nos abre para receber e dar calor humano e graça.

É possível comprar o cardamomo já moído, mas em geral, prefiro comprar as sementes inteiras; guarde-as em um frasco de vidro hermético em um local fresco e escuro e use-as como estão ou esmague quantas forem necessárias em um almofariz e pilão. Observe que é melhor evitar grandes quantidades de cardamomo se estiver grávida ou amamentando.

Cardo-mariano *(Leonurus cardiaca)*

Esta erva protetora, membro da família da hortelã, tem sido usada desde os tempos antigos como tratamento durante o parto e também para ajudar nos problemas menstruais. Devido a seu efeito calmante, ela é relaxante em momentos de estresse nervoso e exaustão, especialmente aqueles que causam insônia e coração acelerado ou pressão arterial elevada. Entretanto, como é um estimulante uterino, não deve ser ingerido durante a gravidez. Use o cardo-mariano em chás quando quiser ter sonhos claros e lúcidos ou para fins de adivinhação.

Catnip/erva-gateira *(Nepeta cataria)*

Também conhecida como hortelã-gato (erva-dos-gatos), esta planta tem um nome apropriado, pois os gatos ficam loucos com sua fragrância! Na verdade, ela faz parte da grande família da hortelã e cresce alegremente em recipientes; as folhas, com seu sabor de hortelã-limão, podem ser usadas frescas ou secas e adicionadas a misturas de chá de ervas.

A erva-gateira é útil para resfriados, gripes e outras condições febris, além de aliviar problemas digestivos e dores de estômago. É uma erva calmante, portanto, pode ser usada como um sedativo leve em situações difíceis ou estressantes.

Centáurea *(Centaurea cyanus)*

Esta linda planta, com suas flores azuis e fofas, não é apenas um belo complemento para o jardim, ela tem também uma longa história de uso mágico e medicinal. Acredita-se que as flores repelem o mal e protegem contra forças nocivas de todos os tipos. A centáurea tem sido usada em rituais tradicionais e Pagãos há séculos.

Do ponto de vista médico, uma infusão das flores tem sido usada como colírio (e também tem a reputação de abrir o terceiro olho); as flores podem ser adicionadas a chás e são um tônico geral e estimulante para o sistema. As flores secas têm um sabor delicado e picante e também podem ser adicionadas a saladas, bebidas frias e bolos.

Cerefólio *(Anthriscus cerefolium)*

Outra erva antiga que remonta à época dos romanos, provavelmente não é uma erva muito conhecida atualmente, o que é uma pena, pois tem muitos usos medicinais, além de ser usada na culinária francesa como parte das tradicionais *fines herbes*. Assim, as folhas delicadas, que têm um sabor de salsa e anis, são usadas em saladas, sopas, molhos e pratos de peixe.

Um chá feito de uma infusão das folhas verdes frescas pode ser bebido para melhorar a digestão lenta e problemas estomacais; também melhora a circulação e o catarro crônico.

Coentro/cilantro (*Coriandrum sativum*)

Ame ou odeie, o coentro (mais conhecido como *cilantro* na América do Norte) é uma erva poderosa e antiga; documentos em sânscrito que datam de 7.000 anos registram seu cultivo e uso. Todas as partes da planta são comestíveis – folhas, raízes, caules e sementes; as partes verdes são essenciais na culinária da Índia, Ásia, Norte da África e México, e as sementes são um excelente complemento para picles, *chutneys* e molhos de curry.

O coentro (partes verdes) é uma erva diurética e antibacteriana, o que o torna útil para limpar e acalmar o sistema. Ele é aquecedor e pode ajudar a aliviar a dor, especialmente dores de cabeça, neuralgia e o desconforto da artrite ou do reumatismo. As folhas e outras partes verdes desta planta são mais bem utilizadas frescas, pois perdem muito de seu aroma e sabor característico quando secas. No entanto, as sementes podem ser armazenadas inteiras em pequenos frascos ou latas herméticas e moídas conforme a necessidade. Tradicionalmente, assar as sementes antes de moê-las aumenta o sabor e o aroma maravilhosos dessas pequenas maravilhas picantes.

Cominho (*Carum carvi*)

Para mim, o cominho é sempre associado, de alguma forma, aos chás vitorianos antigos, quando o bolo de cominho era um item padrão na mesa de chá, mas esta especiaria tem uma história muito mais longa: sementes foram encontradas em sítios arqueológicos que datam de 5.000 anos atrás. Esta planta era reverenciada por seus fortes poderes curativos e, embora hoje em dia tenhamos a tendência de pensar apenas no uso de sementes de cominho, na verdade as folhas, raízes e flores jovens também são usadas para fins culinários e curativos.

As sementes de cominho levemente trituradas, com seu sabor sutil e marcante, podem ser usadas em chás e infusões e são úteis para indigestão, flatulência e cólicas e dores menstruais. As sementes moídas ou trituradas também podem ser adicionadas a pães, bolos e biscoitos. O cominho tem a reputação de ter o poder de atrair o amor ou impedir que os amantes se afastem, além de ser uma erva geralmente protetora no lar. Não use o cominho para fins medicinais se estiver grávida ou amamentando.

Cominho (*Cuminum cyminum*)

Esta especiaria deliciosa e quente é muito familiar para aqueles que adoram *curries* e outros pratos tradicionais da Índia, do Oriente Médio e do México, mas também tem uma variedade muito maior de usos. As sementes inteiras podem ser adicionadas a misturas de chá (com moderação); embora o cominho moído seja muito usado na culinária, eu pessoalmente não o uso em chás, pois acho que muitas vezes ele cria uma pasta desagradável na mistura. Na Índia, ele é usado como remédio medicinal para todos os tipos de problemas digestivos, como flatulência e diarreia, mas essa especiaria também tem poderes mágicos antigos de proteção e remoção de forças malévolas. Também se atribui ao cominho a melhora da luxúria e da paixão, portanto, pode ser uma boa adição aos chás compartilhados com a pessoa amada!

Confrei (*Symphytum officinale*)

Esta planta perene com suas grandes folhas verdes é nativa da Europa, de grande parte da América do Norte e da Sibéria. É um remédio popular antigo, além de ser sagrada para todos os tipos de rituais de Bruxas Verdes. Antigamente, o confrei era conhecido como "osso de malha" por sua capacidade de curar todos os tipos de ferimentos, bem como queimaduras e erupções cutâneas. (Ele ainda é usado para isso, mas não deve ser aplicado em feridas muito profundas, pois pode curar a superfície de uma ferida muito rapidamente enquanto ainda há infecção presa nas camadas mais profundas do tecido da pele). Também é um expectorante para tosses e outras doenças do sistema respiratório, além de ser útil para barrigas doloridas e doenças de refluxo ácido.

No entanto, e principalmente, o confrei pode ser usado em nível emocional para nos ajudar em momentos difíceis de perda e trauma, à medida que buscamos novas formas de estar no mundo e utilizamos as reservas profundas de nossos corações e almas. O confrei é um poderoso aliado nessa jornada e nesse processo.

O chá pode ser feito com as folhas ou adicionado a misturas para esses fins; as folhas devem ser usadas preferencialmente ainda jovens, pois as folhas mais velhas podem conter níveis mais altos de um alcaloide com efeitos potencialmente prejudiciais ao fígado. Por este motivo, é melhor evitar a erva se você tiver problemas de fígado e também deve ser usada com cuidado se estiver grávida; de qualquer forma, não consuma confrei por mais de alguns dias seguidos.

Cravo-da-índia *(Syzygium aromaticum)*

As sementes de cravo-da-índia com as quais a maioria de nós está familiarizada são os botões de flores secas dessa árvore; elas têm um efeito poderoso e devem sempre ser usadas com discrição, pois seu belo aroma pode rapidamente assumir o controle e se tornar avassalador! Um chá feito com cravos-da-índia secos pode ajudar com dores musculares e também é útil para vômitos e cólicas gástricas. O cravo-da-índia também é um remédio antigo para dor de dente. Quando estamos passando por situações estressantes que nos deixam confusos e incapazes de nos concentrar, o cravo-da-índia estimula a mente e o espírito e ajuda a melhorar a memória. Não tome por longos períodos . É melhor evitar o chá durante a gravidez e a amamentação.

Cúrcuma *(Curcuma longa)*

Este membro da família do gengibre, com sua cor dourada brilhante e aroma levemente almiscarado, é cultivado há mais de 2.000 anos e era usado nos antigos rituais persas de adoração ao Sol. Hoje em dia, ainda é amplamente utilizado como tempero culinário e como medicamento. A cúrcuma está se tornando cada vez mais popular à medida que seus muitos benefícios à saúde são descobertos, especialmente seu componente químico, a curcumina, que está ligada à redução da pressão arterial, à melhora da memória, ao alívio da artrite/dor nas articulações e à diminuição dos sintomas depressivos.

Embora a raiz fresca esteja disponível às vezes, a cúrcuma é normalmente encontrada em sua forma moída e seca; ela pode ser adicionada a chás (com moderação, pois pode ser amarga se usada em excesso). Este tempero deve ser evitado em caso de doença da vesícula biliar, distúrbios do sangue, problemas de coagulação, endometriose e cânceres do sistema reprodutivo feminino.

Cyclopia *(Cyclopia faboideae)*

Esta planta nativa da região do Cabo Oriental, na África do Sul, é, na verdade, parente do rooibos. Seu uso em chás e outras preparações medicinais e de beleza aumentou consideravelmente nos últimos anos. Rica em vitamina C e antioxidantes, é um excelente chá para melhorar a saúde e a vitalidade em geral e, como bônus adicional, não contém cafeína!

Dente-de-leão *(Taraxacum officinale)*

O que dizer desta pequena planta resistente, tenaz e bonita, que nos oferece suas flores brilhantes mesmo nas circunstâncias mais desafiadoras? Talvez esta seja uma boa lição para a vida em geral! Algumas pessoas consideram o dente-de-leão uma erva daninha incômoda e invasiva, mas para o herborista, o dente-de-leão é uma planta incrivelmente útil que tem sido usada há séculos em nível medicinal e emocional.

O dente-de-leão é um alterativo: ele desintoxica e limpa o corpo. Chás e infusões, que podem ser feitos com as folhas, flores ou caules da planta, ajudam a tratar problemas no fígado e na vesícula biliar, dores nas articulações, problemas de pele, febres, infecções urinárias e muito mais. Emocionalmente, o dente-de-leão nos lembra de que devemos nos manter firmes e que temos valor e algo especial para oferecer ao mundo – um presente valioso para os momentos em que estamos nos sentindo desanimados ou com falta de autoestima. Além disso, um pote com as flores secas na despensa de chás de ervas nos faz lembrar da magia do verão, tanto interna quanto externa.

Esta planta tem propriedades diuréticas, portanto, esteja ciente de que ela pode reduzir a eficácia de outros medicamentos que você tome.

Endro *(Anethum graveolens)*

Uma erva delicada, com folhas emplumadas, muito usada na culinária, principalmente no preparo de pratos com ovos e peixes ou polvilhada sobre saladas. Sendo da mesma família da erva-doce, o endro compartilha um pouco do sabor do anis e pode ser bastante forte e pungente, portanto, deve ser usado com moderação. As sementes de endro são a parte mais forte da planta e podem ser usadas tanto para fins culinários quanto medicinais, assim como as lindas flores. O endro é uma excelente erva digestiva e um ótimo remédio para problemas estomacais; também é bom para o mau hálito que pode resultar de problemas digestivos. Ele alivia febres e ajuda a fortalecer as unhas, os cabelos e os ossos.

Magicamente, o endro ajuda a nos proteger de forças ruins ou destrutivas e de feitiços de todos os tipos. Use-o em chás quando quiser incentivar a honestidade nos relacionamentos ou para problemas de fertilidade. É uma erva suave, geralmente segura para a maioria das pessoas e pode ser usada também em crianças.

Equinácea *(Echinacea purpurea)*

Os nativos americanos têm usado esta planta, originária do continente Norte-americano, para uma infinidade de fins curativos e outros há séculos, mas sua popularidade se espalhou pelo mundo nos últimos tempos. É uma planta de pradaria visualmente deslumbrante, com pétalas roxas distintas que envolvem um cone dourado. O número de propriedades curativas desta erva é realmente incrível, mas a equinácea é principalmente um antibiótico natural e um estimulador imunológico que incentiva o sistema natural do corpo a remover vírus e bactérias e a promover uma cura rápida e eficaz. Também é útil para infecções fúngicas, úlceras bucais e problemas gerais de resfriado/gripe/sinusite.

Os chás podem ser feitos com folhas, flores ou raízes frescas; eles também podem ser secos e armazenados em um frasco hermético. Observe que este chá não deve ser usado continuamente, mas, sim, por até quatorze dias antes de fazer uma pausa.

Erva-de-são-joão *(Hypericum perforatum)*

Uma erva verdadeiramente mágica e curativa em muitos níveis, conhecida e usada desde os tempos antigos. *Wort* é um termo anglo-saxônico que se refere a "ervas medicinais". (Seu nome foi dado em homenagem a São João, pois as flores desabrocham na época de sua decapitação, 24 de junho). Acredita-se que ela tenha poderes mágicos e leve aqueles que a ingerem a viagens incríveis, tanto física quanto psicologicamente. Também acreditavam que ela tinha o poder de exorcizar espíritos demoníacos e fazer com que os fantasmas se comunicassem conosco.

Tanto as folhas quanto as flores podem ser usadas e contêm propriedades anti-inflamatórias e antibióticas; essa erva também é útil para neuralgia e articulações doloridas. No entanto, é como antidepressivo e ansiolítico natural que a erva-de-são-joão é usada principalmente, muito eficaz no tratamento dessas condições muito comuns. Também é útil para a TPM e problemas psicológicos relacionados à menopausa.

Entretanto, por ser uma erva poderosa, só deve ser tomada internamente sob supervisão médica; portanto, apenas quantidades muito pequenas devem ser usadas em chás e infusões. Algumas pessoas acham que se tornam mais sensíveis à luz solar ou desenvolvem erupções cutâneas ao usar a erva. Ela deve ser evitada por mulheres grávidas ou que estejam amamentando. Também é desnecessário dizer que, se você estiver tomando algum medicamento para problemas como depressão ou ansiedade, deve conversar com seu médico antes de usar a erva-de-são-joão.

Erva-santa *(Eriodictyon californicum)*

Como seu nome científico sugere, este arbusto verde-escuro brilhante é nativo da Califórnia, bem como do Oregon e de partes do Norte do México. Esta erva cresce em áreas selvagens, secas e quentes do deserto e das montanhas e tem sido tradicionalmente usada para cura por povos indígenas dessas áreas há milhares de anos. O nome *erva-santa* significa "erva sagrada", o que sugere que ela tinha muitos usos nos níveis físico e espiritual. Do ponto de vista médico, a erva tem sido usada para problemas pulmonares e respiratórios, como auxílio para problemas digestivos e para limpar o corpo com sua poderosa ação antimicrobiana.

As folhas, que podem ser preparadas em um chá ou adicionadas a misturas e infusões, também são excelentes para acalmar a mente e aliviar pensamentos ansiosos e acelerados; ficamos quietos e imóveis, abertos para o momento e, por essa razão, a erva tem sido usada para práticas de meditação e para realizar viagens xamânicas. Esta erva pode mudar nossa consciência para um reino diferente, no qual realmente enxergamos além da visão cotidiana e podemos acessar o que está abaixo da percepção cotidiana.

Escutelária *(Scutellaria)*
Muitas espécies desta pequena flor são encontradas na Europa e na América do Norte, onde tem sido amplamente utilizada para várias condições médicas, como insônia, dores de cabeça, indigestão e cólicas estomacais. Também é útil para tratar ansiedade e depressão, e tanto as folhas quanto as flores podem ser secas e usadas em chás e infusões. No entanto, algumas pessoas aconselham que a dosagem dessa erva deva seguir a orientação de um fitoterapeuta treinado.

Espinheiro/Espinheira-santa *(Crataegus spp.)*
Este gênero de planta inclui árvores e arbustos; todos eles têm flores e pequenos frutos de cor rosada. Seus frutos, assim como suas folhas, são comestíveis e têm sido usados para fins medicinais há séculos. Na Grécia antiga, o espinheiro era administrado como remédio para o coração e ainda hoje é usado para esse fim. A medicina chinesa também faz uso extensivo do espinheiro, principalmente para problemas digestivos.

O espinheiro era uma árvore sagrada no folclore celta e gaélico e é uma das doze árvores do calendário celta, particularmente associada ao Dia de Maio (Beltane), quando os ramos floridos do espinheiro eram usados como decoração em festas e rituais. Adorado por Bruxas e Fadas, o espinheiro é um bom aliado mágico, especialmente quando estamos passando por momentos de tristeza e perdas.

Estragão *(Artemisia dracunculus)*

Há duas variedades desta planta, o estragão francês e o russo. O sabor fresco e leve de anis do estragão francês é o preferido das duas variedades e é muito usado na culinária e na fabricação de conservas, como o vinagre de estragão, que é uma maneira deliciosa de adicionar o sabor desta erva em saladas, molhos e pratos de peixe.

Entretanto, o estragão também é uma erva medicinal e pode ser usado em chás ou infusões para problemas digestivos, insônia e como um tônico geral para todo o sistema. As folhas podem ser usadas frescas ou secas, pois conservam bem seu sabor.

Eucalipto *(Eucalyptus globulus)*

Poucos de nós não estão familiarizados com o aroma característico, fresco e antisséptico das folhas de eucalipto, que são amplamente utilizadas em vários medicamentos comerciais, principalmente para tosses e resfriados, além de remédios para dores nas articulações e nos músculos. As folhas podem ser usadas frescas ou secas em chás de ervas e infusões; entretanto, devem ser utilizadas com cautela e em quantidades limitadas, pois são bastante fortes e ricas em óleos voláteis. Além de aliviar os males das doenças de inverno, o eucalipto nos ajuda a focar e melhorar a nossa concentração, especialmente quando estamos sofrendo de esgotamento ou exaustão mental.

Feno-grego *(Trigonella foenum-graecum)*

Estas sementes aromáticas têm sido usadas como tempero culinário há séculos, principalmente em pratos de *curry*, pães e bebidas, mas o feno-grego é um pequeno mágico poderoso por si só, pois não só elimina forças negativas e doenças, como também ajuda a aumentar a prosperidade e a boa saúde em todos os níveis. Se sentirmos que estamos "perdendo o rumo" em relação à nossa vida e à direção a seguir, adicionar algumas sementes de feno-grego aos nossos chás de ervas nos ajudará a recuperar a clareza e a energia.

O chá feito com sementes de feno-grego é útil para dores de garganta e também pode ajudar a aliviar alguns dos sintomas da menopausa, pois as sementes contêm substâncias químicas semelhantes ao estrogênio feminino. O feno-grego deve ser evitado durante a gravidez e não deve ser ingerido por longos períodos de tempo, pois pode causar distúrbios estomacais. Grandes quantidades desta especiaria podem alterar os níveis de açúcar no sangue, portanto, use com cuidado se você for diabético.

Flor de sabugueiro *(Sambucus nigra)*

Usada em todo o mundo há séculos, esta árvore antiga é vista como possuidora de poderosa medicina e magia; era reverenciada pelos celtas e druidas e está associada a muitas lendas antigas, além de ser conhecida por proteger contra energia negativa, maldade e má sorte. Também é tradicionalmente associada à morte e à vida após a morte e era frequentemente usada em rituais fúnebres.

Todas as partes da árvore são utilizadas como remédio e encantamento. As bagas devem ser cozidas antes do uso e as folhas são venenosas se usadas internamente. Entretanto, é pelos delicados e belos ramos de flores brancas que o sabugueiro é mais conhecido – flores que podem ser transformadas em um chá útil no tratamento de resfriados, alergias, sinusite e febres. As flores também emprestam sua doçura mágica a xaropes e licores herbais que podem ser adicionados a chás (quentes e gelados), sobremesas e produtos assados.

O sabugueiro reflete maravilhosamente as mudanças sazonais no jardim – da abundância das flores da primavera às cores das bagas do final do verão e à claridade dos meses de inverno. Assim, também podemos aprender com esta árvore mágica a aceitar os ciclos de nossa própria vida e trabalhar com eles com consciência para encontrar sabedoria e conhecimento.

Folha de oliva *(Olea europaea)*

Todos nós conhecemos a azeitona, tanto como baga quanto como óleo, usada como alimento e medicamento, mas alguns de nós podem não estar acostumados com as folhas de oliveira sendo usadas também para fins de chá. As azeitonas têm sido sagradas para muitas culturas ao longo dos séculos, mas foi apenas recentemente que se descobriu que as folhas da oliveira contêm muitas propriedades antivirais e antibacterianas surpreendentes, além de ajudar a regular a pressão arterial, aliviar a fadiga e reduzir os níveis de açúcar no sangue.

Em um nível espiritual, a folha de oliveira pode ser reconfortante e edificante quando nos sentimos desesperados e totalmente exaustos pela vida. Os chás podem ser feitos despejando água recém-fervida sobre folhas e ramos frescos; eles também podem ser secos para uso, mas são menos eficazes dessa forma. Talvez seja necessário adicionar um pouco de mel ou canela para tornar o chá um pouco mais saboroso.

Framboesa *(Rubus idaeus)*

Todos nós conhecemos esta frutinha brilhante e saborosa que é tão deliciosa em sobremesas, geleias, compotas e produtos de panificação, mas as folhas desta planta rasteira também são usadas para fazer chá de ervas há séculos. As folhas de framboesa são repletas de vitaminas, minerais e antioxidantes e podem ser usadas como tônico, erva digestiva ou diurético. Uma infusão de folhas de framboesa era tradicionalmente consumida durante as últimas semanas de gravidez para fortalecer e tonificar o útero antes do parto; por este motivo, o chá não deve ser tomado nos primeiros meses de gravidez, pois pode estimular o útero.

Em um nível mágico, as folhas e o suco de framboesa são excelentes para feitiços e rituais que envolvam proteção e aumento da resistência e dos poderes mentais. A framboesa é sagrada para a Deusa Afrodite. Beba este chá quando quiser melhorar sua vida amorosa em todos os níveis!

Funcho/erva-doce *(Foeniculum vulgare)*

Uma erva antiga mencionada na mitologia grega, considerada um presente dos Deuses, uma forma de banir espíritos malévolos e incentivar a esperança e a energia positiva. Um chá com sementes de erva-doce é ótimo para cerimônias de purificação e limpeza ou simplesmente quando alguém se sente abatido, letárgico ou sem criatividade em qualquer nível. Medicinalmente, é anti-inflamatório e pode ser usado para problemas estomacais ou para desintoxicar e limpar o corpo. Como também é um estimulante uterino, deve ser evitado durante a gravidez, mas seu leve efeito estrogênico pode ser útil para aliviar os sintomas da menopausa.

Gengibre *(Zingiber officinale)*

Provavelmente uma das especiarias mais reconhecidas e amadas em todo o mundo, o gengibre é outro poderoso ímã para a magia; ele purifica e aumenta as energias espirituais antes e durante rituais e cerimônias e tem sido usado para este fim ao longo dos séculos. É também uma especiaria revitalizante – inclusive no quarto de dormir – e foi até mencionado no Kama Sutra. O gengibre é um agente anti-inflamatório, portanto seu chá pode ser útil para artrite e outras condições dolorosas nas articulações. A magia de aquecimento do gengibre pode aliviar o sofrimento de gripes e resfriados, pois estimula a circulação e ajuda o corpo a se livrar das toxinas. O gengibre geralmente é seguro quando usado em quantidades moderadas, mas é melhor evitar grandes quantidades do chá de gengibre se você tiver cálculos biliares ou for diabético, pois a especiaria pode reduzir os níveis de açúcar no sangue.

Gerânio *(Pelargonium* spp.*)*

Observe que isso se refere apenas à variedade perfumada de gerânio, que é originária da África do Sul; há muitas fragrâncias diferentes desta planta, mas as que provavelmente são mais úteis em um repertório de chá de ervas são as *Pelargonium graveolens* (com aroma de rosa) e *Pelargonium tomentosum* (hortelã-pimenta). Fáceis de cultivar, essas plantas também se dão bem em vasos ou outros recipientes.

Usadas individualmente ou misturadas com outras ervas e flores, as folhas e flores desta planta podem ser utilizadas. Suas folhas secam com relativa facilidade, embora eu tenha descoberto que elas perdem um pouco de sua fragrância distinta em poucos meses. Todas essas ervas têm um efeito relaxante, calmante e antidepressivo semelhantes e são excelentes para ajudar com insônia, ansiedade e problemas digestivos relacionados ao estresse. Também é um analgésico leve e é útil para problemas da menopausa, mas como essas plantas têm um efeito hormonal leve, é melhor evitá-las durante a gravidez. Entretanto, pode ser usada em crianças em quantidades moderadas, especialmente para crianças tímidas, com medo ou que estejam enfrentando problemas na escola ou em casa.

Ginkgo *(Ginkgo biloba)*

Esta antiga árvore asiática remonta aos tempos pré-históricos e pode viver por mil anos ou mais. Sagrada para os budistas e amplamente utilizada na medicina chinesa, esta árvore esteve em risco de extinção em um determinado período, mas passou por um ressurgimento nos últimos anos, com a folha do ginkgo biloba sendo creditada por ajudar a aliviar a depressão, a perda de memória e o TDAH. Muitas pessoas confiam nessa planta como uma forma de limpar e esclarecer os processos de pensamento, principalmente em momentos de estresse e ansiedade. Folhas e sementes são usadas, mas em geral são as folhas secas que são adicionadas a chás e tinturas. Alguns herboristas recomendam que essa planta seja usada somente sob supervisão médica e em quantidades limitadas.

Ginseng indiano *(Withania somnifera)*

A raiz seca desta planta, que há muito tempo faz parte da medicina chinesa, pode ser usada em chás e infusões. É um adaptogênico que ajuda a retornar o corpo a um estado de bem-estar e equilíbrio. Use esta planta quando quiser se sentir menos ansiosa ou precisar de uma melhor concentração e mais energia.

Gotu Kola/Centella asiatica *(Centella asiatica)*

O nome em latim desta erva de crescimento baixo indica suas origens asiáticas: também conhecida como erva-dos-poetas, ela é usada há muito tempo na medicina chinesa, onde se afirmava que trazia longevidade e resistência ao corpo e à mente. É uma erva extraordinária, que acelera os processos de cura, melhora a circulação e desintoxica o corpo, além de aumentar o foco e a concentração. Usada com frequência durante a meditação ou em rituais espirituais.

Beber o chá da Centella equilibra e melhora o humor e fortalece o sistema nervoso, especialmente em momentos de ansiedade ou estresse. Entretanto, esta erva deve ser usada com moderação, pois o uso excessivo pode causar dores de cabeça; também deve ser evitada se estiver grávida, amamentando, tomando sedativos ou se tiver problemas de tireoide.

Hibisco *(Hibiscus* spp.*)*

Este arbusto tropical, com suas flores de cores vibrantes, pode ser cultivado em recipientes para quem tem jardins menores ou espaço limitado. Muito rico em vitamina C, o chá feito com as pétalas e sépalas desta planta é repleto de propriedades antioxidantes e anti-inflamatórias e ajuda a regular a pressão arterial.

No entanto, o hibisco também atua poderosamente nos níveis emocional e mágico: as flores podem nos ajudar a nos tornarmos mais apaixonados em todas as áreas da nossa vida. Adicionadas a bebidas ou misturadas a massas de bolo, as flores secas de hibisco ajudarão a atrair amor e cura emocional – inclusive um novo romance, se for isso que estiver buscando. Esta bela planta é uma grande aliada na cura de traumas passados, especialmente aqueles de natureza emocional ou sexual. O hibisco nos ajuda a avançar para um espaço de cura e maior equilíbrio.

Hortelã *(Mentha* spp.*)*

Esta é uma erva essencial no seu jardim, embora deva ser plantada em seu próprio espaço ou vaso, devido à sua tendência desenfreada de se espalhar e tomar conta de outras plantas! A hortelã é uma erva verdadeiramente antiga, que tem sido usada em vários rituais de purificação ao longo dos séculos, desde os Deuses gregos no Monte Olimpo até o Templo do Rei Salomão. Uma erva de verão, que também pode ser desidratada para uso durante todo o ano, pois é uma das ervas que retém um excelente sabor quando seca, devido a seus altos níveis de óleos voláteis.

A hortelã-pimenta (*Mentha piperita*) é a mais usada da família da hortelã; um antigo remédio para problemas digestivos de todos os tipos, inclusive dor, inchaço e náusea. A hortelã também é uma erva calmante, ideal para insônia, distúrbios de ansiedade e momentos de estresse. É dito também que o chá de hortelã-pimenta ajuda na adivinhação e nos sonhos proféticos. Ele ajuda a limpar e elevar a energia emocional bloqueada ou estagnada e nos traz maior clareza e energia, especialmente no que diz respeito ao melhor uso de nosso propósito e dons aqui na Terra.

Evite tomar chá de hortelã-pimenta por períodos superiores a oito semanas seguidas; grandes quantidades também devem ser evitadas em mulheres grávidas ou que estejam amamentando e, às vezes, pode agravar a doença do refluxo ácido ou azia. A hortelã-pimenta não é recomendada para uso em crianças com menos de cinco anos de idade.

Jasmim *(Jasminum officinale)*

Ainda me lembro da primeira vez que fui convidada para um jantar em família em um restaurante chinês local – eu devia ter uns nove ou dez anos; depois da deliciosa refeição, serviram-nos pequenas xícaras vermelhas e douradas do delicado chá de jasmim, como é tradicional no Oriente, onde é usado como digestivo suave após as refeições. Eu já conhecia o jasmim como planta, é claro, pois minha mãe tinha muitas plantas crescendo no nosso jardim, mas o sabor e o aroma inconfundíveis eram bem diferentes na forma de chá.

O jasmim é um presente absoluto para aqueles de nós que buscam mais alegria, paz e abundância em suas vidas – e quem não busca? Este chá nos traz de volta a nós mesmos de uma forma maravilhosamente simples e natural. Esse efeito mágico é aprimorado quando adicionamos algumas pétalas de rosa secas à nossa mistura de chá de jasmim. Ele também é um excelente aliviador de estresse em todos os níveis, portanto, considere usar o chá de jasmim para ansiedade, raiva, tensão e esgotamento geral do corpo e do espírito.

Junípero *(Juniperus communis)*

As bagas desta pequena conífera perene têm sido usadas desde os tempos antigos. Os romanos acreditavam que essa árvore conferia proteção poderosa e, de fato, o zimbro aparece em muitas lendas diferentes, geralmente desempenhando o papel de guardião e protetor. As bagas também são uma parte essencial do processo de fabricação do gim e são usadas para outros fins culinários, além de serem úteis para problemas de saúde como tosse, infecções pulmonares e cistite. Entretanto, elas devem ser usadas com cautela por pessoas com problemas renais e não devem ser usadas durante a gravidez. As bagas secas podem ser adicionadas a chás e infusões; mantenha-as em potes herméticos e não as armazene por mais de seis meses, pois depois disso as bagas perdem muito de seu sabor e potência.

Lady's Mantle *(Alchemilla* spp.*)*

Traduzido para o português como "manto da dama", é, como seu nome sugere, uma planta de cura particularmente útil para problemas femininos, como doenças do útero e dos seios ou problemas com a menstruação e a menopausa. As folhas podem ser usadas frescas ou secas para fazer um chá que deve ser bebido por pelo menos dez dias antes e durante o início da menstruação; ele também alivia os sintomas da menopausa.

Laranja *(Citrus sinensis)*

Esta fruta muito apreciada é realmente versátil: o suco, a casca e a polpa podem ser adicionados a várias misturas de chá e são adequados para bebidas quentes e geladas de todos os tipos. A casca de laranja seca pode ser armazenada em pequenos frascos e usada durante todo o ano; também é excelente quando misturada com outras frutas cítricas, como casca/raspa de limão. A laranja tem qualidades mágicas de amor, amizade, limpeza, criatividade e sucesso. Use a casca de laranja seca como substituto do néroli em fórmulas mágicas.

Lavanda *(Lavender angustifolia)*

Provavelmente uma das ervas mais populares para todos os fins. Esta beleza perfumada existe há séculos e tem uma infinidade de usos: culinária, saúde, beleza e bem-estar. Há muitas espécies de lavanda, algumas mais perfumadas do que outras, mas todas podem ser usadas de maneira semelhante. Para fins de chás de ervas, geralmente uso as flores frescas (ou secas) em vez das folhas; é uma boa ideia ser bastante criteriosa em seu uso também, já que a lavanda é uma erva forte e o excesso dela pode ser um pouco exagerado! Por este motivo, apenas um pouco da erva é frequentemente usado conjuntamente a outras ervas ou até mesmo com chá verde ou preto.

O chá de lavanda é um excelente remédio para insônia, tensão nervosa, estresse e depressão, além de acalmar e aliviar dores de cabeça, indigestão e cólicas. Em geral, é suave o suficiente para ser tomado por praticamente qualquer pessoa, mas como pode ser um estimulante uterino, é melhor evitar o excesso de lavanda durante a gravidez.

Limão *(Citrus limon)*

É uma fruta? É uma erva? Na verdade, ambos, e eu, como muitas outras pessoas, não poderia funcionar sem um suprimento constante de limões na minha cozinha, no armário do banheiro e no armário de chás de ervas! Todas as partes dessa fruta milenar estão repletas de vitaminas

Ervas, Especiarias, Plantas e Flores Usadas para Chás

naturais, adstringentes e alcalinizantes e, é claro, o sabor fresco e brilhante é insubstituível. O limão tem propriedades anti-inflamatórias e antibióticas e também ajuda a reduzir a pressão arterial e o colesterol. É amplamente utilizado em preparações para tosses, resfriados e gripes. Um simples chá feito com fatias de limão, água quente e mel é uma ótima maneira de começar o dia com uma nota brilhante e saudável.

Todas as partes do limão podem ser usadas, frescas ou secas; isso inclui as flores e as folhas, que são um bom complemento para chás e alimentos condimentados. O limão também combina bem com outras ervas e, é claro, é um companheiro de longa data para vários chás tradicionais verdes e pretos.

Louro (*Laurus nobilis*)

Esta bela árvore é nativa do Mediterrâneo e tem uma linhagem longa e nobre, como seu nome sugere. Nas antigas Grécia e Roma, o louro era usado em rituais sagrados nos Templos e coroas de louro eram usadas para coroar grandes guerreiros e heróis. É uma árvore bastante grande, mas pode ser cultivada em um vaso, se necessário, aparando-a regularmente para evitar que fique pesada.

As folhas de louro podem ser usadas frescas ou secas (as frescas são muito mais fortes). Essas folhas são uma parte indispensável de muitas receitas tradicionais, principalmente na França e na Grécia.

Medicinalmente, o louro é uma erva protetora e aquecedora, que pode ajudar a aliviar dores de cabeça e dores em membros e articulações. As folhas podem causar irritações na pele se aplicadas topicamente. O louro deve ser usado em quantidades limitadas durante a gravidez.

Diz-se que as folhas de louro aumentam os poderes e as visões psíquicas e proféticas; use-as em chás quando precisar de proteção, cura, força e maior sabedoria em qualquer esfera da vida.

Lúpulo *(Humulus lupulus)*

Não apenas para fazer cerveja, as flores desta videira são usadas medicinalmente há séculos em chás e tinturas por suas propriedades antibacterianas e antimicrobianas. Entretanto, o principal benefício do lúpulo são suas qualidades levemente sedativas e calmantes. Há muito tempo, é usado como ingrediente para travesseiros de sono e de sonho e também pode ser utilizado em chás para promover uma noite tranquila e repousante. O chá feito com lúpulo é uma ajuda poderosa para aqueles que sofrem de insônia, principalmente quando a insônia está ligada à tensão, ao medo e à ansiedade.

Maçã *(Pyrus* spp.)

Uma fruta que dispensa apresentações, a maçã faz parte da história, das lendas e da magia desde o início dos tempos (ou quase!) – todas as partes da fruta podem ser usadas, e isso também se aplica aos chás de ervas. O suco de maçã fresco pode ser adicionado a todos os tipos de misturas de chá ou a jarras de chá gelado para obter um perfil de sabor diferente. Maçãs cortadas em fatias finas, frescas ou secas, podem ser colocadas em xícaras de chá de ervas.

As maçãs têm muitas associações mágicas diferentes – elas estão ligadas aos mortos e à vida após a morte, portanto são excelentes para serem usadas em chás no *Samhain*, no *Halloween* ou em qualquer cerimônia em homenagem às almas que passaram para a luz. Diz-se que comer maçãs abre portais para reinos invisíveis e nos ajuda a obter novos conhecimentos e percepções; elas também são indicadas para curas, feitiços de amor de todos os tipos e para criar maior abundância em nossas vidas, em qualquer plano. As peras também têm associações mágicas de amor, paixão e prosperidade e, muitas vezes, podem ser usadas no lugar das maçãs em misturas de chá, seja na forma de suco puro de pera ou de fatias de pera fresca.

Madressilva *(Lonicera* spp.*)*

Há muitas variedades desta planta lindamente perfumada com uma fragrância inconfundível; há muito tempo ela faz parte do herbalismo e da mitologia tradicionais. Acreditava-se que a planta afastava os poderes malignos e também assegurava que as vacas dessem bom leite. Quando infundidas e usadas em chás, as flores podem ser úteis para resfriados, tosses e asma. Do ponto de vista emocional, a madressilva é uma flor particularmente poderosa para criar um senso de si mesmo mais equilibrado e alegre, para nos ajudar a deixar de lado as coisas que não nos servem mais e aceitar as mudanças em nossa vida com graça e coragem. Se quiser entrar em contato com seus poderes divinos internos, o uso da madressilva o ajudará a acessar esse reino de possibilidades, verdadeira magia e sabedoria.

As flores podem ser usadas frescas (o que inclui adicioná-las a saladas ou polvilhá-las sobre chás gelados e sobremesas) ou podem ser secas para uso nos meses mais frios. Observe que as bagas da madressilva são venenosas e não devem ser consumidas.

Magnólia chinesa *(Schisandra chinensis)*

Esta trepadeira com cachos de bagas vermelhas é nativa do Norte da China, Rússia e Coreia; uma parte importante da medicina tradicional chinesa, considerada importante para equilibrar o Qi, ou espírito. Esta planta é um adaptogênico e ajuda a melhorar a resistência e a vitalidade, fortalecendo e apoiando os vários sistemas e órgãos do corpo. Ela ajuda a aliviar estados mentais baixos e deprimidos e nos dá maior foco e propósito renovado em nossa vida.

Os chás e infusões feitos com as bagas podem ser consumidos quentes ou frios e, idealmente, devem ser tomados diariamente por pelo menos algumas semanas para que se observem bons resultados. Para um chá mais suave, a baga pode ser combinada com outras ervas, como hibisco ou palha de aveia, já que um chá feito apenas com as bagas de magnólia chinesa pode ser bastante estimulante para aqueles que estão um pouco esgotados ou frágeis fisicamente, por qualquer motivo.

Manjericão (*Basilicum* spp.)

Uma das ervas mais versáteis e úteis conhecida, mas para os propósitos de chá, o tulsi, ou manjericão santo, é o mais frequentemente recomendado. Para a crença hindu, o manjericão é considerado a mais sagrada de todas as ervas. Entretanto, há mais de sessenta espécies diferentes desta bela planta, com sabores que variam de limão a alcaçuz, e a maioria pode ser usada para chá. Como ela cresce facilmente em vasos e floreiras, também é um complemento extremamente útil para jardins de cozinha ou de peitoril de janela. O chá de manjericão santo é conhecido por ajudar a remover a negatividade espiritual e emocional, criando uma energia mais saudável no corpo e na mente e ajudando a equilibrar os chacras, os sete centros de energia do corpo. Todo manjericão é edificante e bom para depressão ou fadiga.

É uma erva anti-inflamatória, uma xícara de chá de manjericão por dia pode ajudar no tratamento da artrite e de doenças semelhantes; como adaptogênico, ajuda o corpo a lidar com o estresse e as toxinas e estimula um sono melhor. É bom para problemas digestivos e evita vômitos e náuseas. Entretanto, também é uma erva poderosa e deve ser usada com cautela se você tiver problemas de fígado ou estiver tomando medicamentos para diabetes, hipertensão ou problemas de coagulação sanguínea. Durante a gravidez, o manjericão deve ser usado com cuidado e em quantidades muito limitadas.

Manjerona (*Origanum majorana*)

Muito mais do que apenas uma deliciosa erva culinária, a manjerona – assim como seu primo próximo, o orégano, que tem um sabor um pouco mais forte e selvagem – é repleta de todos os tipos de propriedades calmantes e curativas. É uma planta antiespasmódica e antibacteriana natural que pode ser usada para problemas digestivos, náuseas, cólicas, inchaço e problemas respiratórios.

A manjerona também é uma erva poderosamente protetora e foi usada para afastar intenções malignas e forças das trevas durante a Idade Média. No entanto, mesmo que isso não seja realmente um problema para você, esse chá de ervas ajudará com sentimentos de ansiedade, medo, inquietação e pesadelos. Como o orégano, ele também é um símbolo de felicidade, tomar esse chá não só levanta o ânimo, mas também nos dá uma nova visão e esperança.

Matricária *(Chrysanthemum parthenium)*
Também conhecida como "camomila-selvagem", esta planta se parece muito com a camomila comum, mas tem uma folhagem mais exuberante. Também é muito mais pungente e tem um sabor mais forte; as folhas e flores frescas ou secas podem ser usadas em chás e infusões. Esta é uma erva tônica, que pode ajudar com dores de cabeça e enxaquecas, indigestão, problemas menstruais e febres. Acredita-se que a camomila selvagem ajude a remover feitiços e outras energias tóxicas e proteja contra doenças de todos os tipos.

Melissa *(Melissa officinalis)*
Esta planta bonita e perfumada é indispensável em qualquer jardim de chá de ervas. As folhas com aroma de limão produzem um chá refrescante e relaxante, útil para acalmar o estresse e aliviar problemas digestivos. As folhas aromáticas, que podem ser usadas frescas ou secas, têm uma fragrância verdadeiramente inesquecível e sedutora, doce e fresca ao mesmo tempo. As folhas frescas produzem um chá delicioso que contém todos os tipos de propriedades curativas. A verbena-limão é excelente para tratar resfriados, asma, febre e problemas digestivos, especialmente aqueles relacionados a condições nervosas, pois tem um efeito sedativo e calmante leve. Usada magicamente, ela pode ajudar a remover padrões de pensamento antigos e negativos e trazer uma visão nova e positiva.

Mil-folhas *(Achillea millefolium)*
Esta antiga erva, que cresce prolificamente na Europa, América do Norte e Ásia, há muito tempo é considerada por suas associações mágicas e sagradas. Utilizada pelos druidas para ler sinais e presságios meteorológicos, dizia-se também que a mil-folhas conferiria proteção contra forças malignas ou negativas.

As folhas e flores frescas ou secas podem ser usadas para fazer chás e infusões que são particularmente eficazes para febres e condições inflamatórias. No entanto, esses chás sempre devem ser tomados com moderação e não devem ser consumidos durante a gravidez.

Morango *(Fragaria* spp.*)*

Provavelmente uma das bagas mais adoradas. Sagrada para as Deusas Freya e Afrodite, bem como para a Virgem Maria, por isso está associada à proteção, fertilidade, sorte e amor. Obviamente, as bagas podem ser fatiadas e usadas em bebidas geladas à base de chá de todos os tipos, bem como em bolos, mas as folhas também podem ser adicionadas aos chás ou secas e depois esfareladas e usadas em misturas.

Noz-moscada *(Myristica fragrans)*

A semente desta planta tropical nos fornece duas especiarias: a semente interna, que é a noz-moscada, e a rede de macis que a envolve. Aquecida e perfumada, a noz-moscada é um excelente complemento para os chás de ervas, embora deva ser sempre usada com cautela, pois é potente e, em excesso, pode ser tóxica.

Tradicionalmente usada para problemas digestivos, como náusea, flatulência e cólicas estomacais, a noz-moscada no Oriente tem a reputação de ser útil para problemas musculares e articulares, como reumatismo. (Ela também tinha a fama de ser afrodisíaca, mas isso eu não posso confirmar!) Se possível, compre noz-moscada inteira (com a macis ainda presa) e guarde-a em um pote hermético em um local fresco e escuro – rale um pouco da noz-moscada (e da maci) fresca, quando necessário; é claro que você também pode comprar facilmente a noz-moscada moída, mas em geral, ela perde um pouco de sua pungência brilhante quando armazenada por muito tempo.

Orégano *(Origanum vulgare)*

Uma erva nativa da região do Mediterrâneo, parente próxima da manjerona, embora o orégano seja mais forte e selvagem no sabor e no aroma. Na Grécia, o nome se traduz como "alegria da montanha", e é uma erva indispensável na culinária grega (e na minha). Na antiguidade, acreditava-se que se o orégano fosse encontrado crescendo nos túmulos, isso significava que os mortos estavam felizes na vida após a morte. A Deusa Vênus cultivava essa erva perfumada em seu jardim, e ela era associada à beleza e à fidelidade no amor.

As folhas e flores podem ser usadas frescas ou secas – elas retêm muito bem seu aroma e sabor. A lista de usos terapêuticos dessa planta é longa: ela é aquecedora, antiviral, antibacteriana, alivia inflamações e dores, além de aliviar cólicas estomacais dolorosas e flatulência. Os altos níveis de timol fazem dela um remédio natural para problemas pulmonares e respiratórios, bem como para dores de dente, dores nas articulações e reumatismo. Também é útil para problemas nervosos e pode acalmar os nervos em frangalhos. Entretanto, é melhor fazer uso limitado dessa erva se estiver grávida ou amamentando ou se tiver crianças com menos de sete anos de idade.

Palha de aveia *(Avena sativa)*

Talvez este não seja um ingrediente que você já tenha na prateleira da cozinha, mas a palha de aveia é relativamente fácil de cultivar. Os chás feitos com palha de aveia seca têm sido usados há séculos como tônico e para aumentar a imunidade, bem como para dores artríticas, problemas de pele, problemas de tireoide, depressão e ansiedade, gripes e resfriados e problemas de menopausa (a aveia pode reduzir a deficiência de estrogênio).

A aveia pode ser seca e amarrada em feixes para uso em chás e outras aplicações; essa é uma poderosa planta de aterramento, que nos lembra da necessidade de deixar de lado as expectativas, o medo e os questionamentos, e simplesmente ficar quietos, totalmente no momento. Use esse antigo remédio herbal quando precisar trazer de volta a alegria e a vitalidade infantis ao seu ser e descobrir um novo entusiasmo pela vida.

Observe que a aveia comum com a qual estamos familiarizados não é a mesma e não pode ser usada para chás.

Papoula-da-Califórnia *(Eschscholzia californica)*

Esta planta brilhante e bonita, nativa da América do Norte, tem sido usada pelos nativos americanos há séculos, principalmente por suas qualidades relaxantes e calmantes. (Ela é parente da papoula do ópio, mas não tem o efeito alucinógeno!) As papoulas crescem facilmente na maioria das condições de jardim (inclusive em vasos) e acrescentam um toque vibrante de cor e calor a qualquer jardim – além disso, elas atraem abelhas, o que só pode ser bom.

As folhas, flores e caules podem ser colhidos e usados frescos ou secos para uso posterior. Os chás feitos com papoula têm um efeito calmante e levemente sedativo, bom para momentos de estresse nervoso, ansiedade ou quando não se consegue dormir. A planta também é um leve analgésico, especialmente para dores de cabeça e de dente.

Passiflora / Flor do Maracujá *(Passiflora incarnata)*

Uma planta realmente bela e dinâmica. Seu nome deriva dos últimos dias e do sofrimento de Jesus Cristo. Plantada em seu jardim, a passiflora atrairá multidões de pássaros, abelhas, vespas e borboletas para suas flores coloridas. A planta inteira pode ser usada para fazer chás e tinturas, e tem sido usada medicinalmente pelos nativos americanos nos hemisférios Norte e Sul há séculos para tratar distúrbios como problemas de pele, sangue e circulação.

A passiflora também é um sedativo suave, usado para acalmar a ansiedade e os pensamentos persistentes de medo ou intrusão, e pode ajudar a aliviar a depressão leve. Esta planta nos relaxa em todos os níveis – e é somente quando estamos verdadeiramente quietos que podemos encontrar o verdadeiro descanso, bem como nos abrir para a alegria e as possibilidades expandidas; isso nos permite ser verdadeiramente criativos em qualquer campo que escolhermos e encontrar uma nova autoconfiança no que escolhemos trazer ao mundo. Use a flor-da-paixão (como também é conhecida) quando quiser fazer jornadas internas de descoberta e para trabalhos de oração e meditação.

Pinheiro *(Pinus* spp.*)*

Esta bela e alta árvore perene (que pode atingir até 30 metros de altura) é imediatamente reconhecível tanto por sua aparência quanto pelo aroma fresco e característico de suas agulhas. Ela foi mencionada na mitologia romana e também é uma das árvores sagradas dos chefes irlandeses. Um chá feito de agulhas de pinheiro pode ajudar a limpar e clarear a mente e as emoções e criar um estado emocional mais positivo, especialmente quando estamos passando por períodos de tristeza, remorso e dúvida.

Prímula *(Primula vulgaris)*

O antigo significado do nome dessa linda planta é "primeira rosa", que se refere ao fato de que as deliciosas flores pálidas da prímula aparecem pela primeira vez no início da primavera. Na época medieval, elas eram usadas para fazer poções do amor e também eram consideradas um remédio para gota, reumatismo e dores de cabeça. Atualmente, uma tisana feita com as folhas e flores (de preferência frescas) tem efeitos sedativos suaves e, portanto, é boa para ansiedade e insônia. As flores também podem ser usadas (frescas ou cristalizadas) em saladas ou polvilhadas sobre chás gelados e outras bebidas frias ou em produtos assados. Entretanto, deve-se observar que o trabalho com esta planta pode causar uma forma de dermatite de contato em alguns indivíduos.

Prímula-da-noite *(Oenothera biennis)*

Uma planta alta e bonita com flores amarelas brilhantes, a prímula foi usada durante séculos para fins culinários, até que uma pesquisa realizada na década de 1980 revelou os poderes curativos que ela continha, principalmente nas sementes. (Entretanto, todas as partes da planta podem ser usadas: folhas, flores, caules e raízes). O óleo de prímula contém ácido gama-linolênico (GLA), um ácido graxo essencial que o corpo humano não consegue produzir sozinho. O valor medicinal da prímula abrange muitas condições diferentes, desde asma a problemas de pele e circulatórios, até a menopausa. No entanto, é como antidepressivo e antiestresse que esta erva realmente se destaca – com algumas observações de cautela. Um chá ou infusão pode ser feito com as folhas e flores, mas deve ser consumido com algum cuidado, principalmente se você for epiléptico ou estiver tomando algum tipo de medicamento antipsicótico. Não use a prímula se estiver grávida ou amamentando.

Prunela *(Prunella vulgaris)*

Uma pequena erva com pequenas flores roxas e felpudas, muito apreciada pelas abelhas! Tanto as folhas quanto as flores são comestíveis e podem ser usadas secas ou frescas para chás. Antibiótica e antioxidante por natureza, a prunela existe há séculos. Como seu nome em inglês *self-heal* (em português, "autocura") sugere, ela é excelente para aliviar o desconforto de resfriados, gripes e febres.

No entanto, essa também é uma planta altamente mágica e é usada para rituais encantados e para a criação de mudanças significativas em nossa vida em qualquer nível. Muitas vezes pensamos que somos pequenos e que não temos nenhum poder real, mas a prunela nos lembra gentilmente de tudo o que somos e podemos ser neste mundo.

Rooibos *(Aspalathus linearis)*

Embora o rooibos (arbusto vermelho) seja cultivado apenas em seu país de origem, a África do Sul, ele é conhecido internacionalmente e está disponível em praticamente todos os lugares. Parte da família de plantas *fynbos*, as folhas verdes em forma de agulha ficam vermelhas quando processadas e fermentadas. O chá tem um sabor rico e defumado e é rico em antioxidantes, além de ter baixo teor de tanino e cafeína. Seria praticamente impossível listar todas as qualidades curativas que foram associadas a este chá de ervas rico em minerais, mas algumas das principais incluem a melhora das condições da pele, a perda de peso, a melhora da digestão, a densidade óssea, a saúde do coração e a ajuda com o diabetes.

As infusões de rooibos são usadas em praticamente tudo, desde produtos de panificação até produtos para a pele. Pessoalmente, eu e muitas outras pessoas achamos o sabor um pouco forte por si só, portanto, muitas vezes as receitas e os chás produzidos comercialmente combinam o rooibos com outras flores e ervas; um favorito em particular é o rooibos e a camomila. As infusões de rooibos também funcionam bem em chás gelados, onde seu sabor ensolarado parece ser particularmente apropriado.

Rosa (*Rosa* spp.)

Provavelmente a flor mais reconhecida, amada e bonita do mundo, desde os tempos antigos, as rosas são a fonte de muitos mitos e lendas mágicas – muitas delas verdadeiras! Pétalas de rosas secas ou frescas são maravilhosas quando adicionadas ao chá e também fazem parte de muitas misturas de chá comerciais, tanto de ervas quanto tradicionais. Se estiver planejando cultivar e usar suas próprias rosas para este fim, precisará escolher variedades altamente perfumadas e também garantir que nenhum produto químico nocivo seja usado em seu cultivo. As rosas que você pode comprar na floricultura não costumam ser adequadas, pois geralmente não têm fragrância e também não há como saber como foram cultivadas.

As propriedades curativas físicas e emocionais das rosas são quase demais para serem listadas: no entanto, elas incluem estresse, ansiedade, problemas menstruais, indigestão, infecções do trato urinário e insônia. Talvez, acima de tudo, as rosas nos lembram de que somos dignos de carinho e autocuidado, e nunca mais do que quando estamos nos sentindo sozinhos, não amados ou ignorados. Basta adicionar algumas pétalas de rosa secas a uma xícara de água fervente com um pouco de mel e beber essa mistura lentamente para acalmar e tranquilizar imediatamente a mente mais ansiosa. A roseira brava também é um ótimo complemento para chás de ervas ou bebidas por si só. Cozida em um xarope com mel e limão, esta mistura pode ser guardada para ser consumida durante os meses de inverno, pois é um poderoso reforço imunológico contra gripes e resfriados. Basta adicionar algumas colheres de xarope de rosa mosqueta a uma caneca de água quente e beber conforme necessário.

Salsa *(Petroselinum crispum)*

Provavelmente uma das ervas culinárias mais conhecidas. A salsa (tanto na forma de folhas crespas quanto na forma de folhas planas) também é útil para chás de ervas – embora particularmente eu não seja uma grande fã do seu sabor. No entanto, é uma erva repleta de vitaminas e ferro e tem sido usada desde a antiguidade para tratar de tudo, desde artrite até infecções da bexiga, doenças do peito e problemas de pressão arterial. É considerada uma excelente cura para ressacas e excessos de qualquer tipo.

A salsa tomada como chá, sozinha ou adicionada a outras ervas, como limão ou tomilho, é uma excelente desintoxicação ou diurético e estimula o sistema em todos os níveis. No entanto, ela deve sempre ser tomada em quantidades moderadas e não por um longo período de tempo.

Sálvia *(Salvia officinalis)*

Muitos de nós estão familiarizados com o uso da sálvia na culinária, onde ela tem uma longa e nobre história, mas talvez poucos saibam que a sálvia pode ser usada para fazer maravilhosos chás de ervas e outras bebidas. Há muitos tipos desta erva pungente e aromática, e elas têm vários usos medicinais, culinários e mágicos, mas a sálvia comum de jardim é a que geralmente está disponível. Por séculos a sálvia branca vem sendo utilizada em rituais de purificação. No entanto, ela tem sido cultivada em excesso nos últimos anos e, portanto, deve ser usada com moderação.

Quando usada em chá, a sálvia tem um sabor forte, mas agradável, e contém muitos medicamentos para o corpo e a alma. É um excelente tônico para os nervos, ajudando com o estresse, a exaustão, a insônia e a debilitação geral dos nervos, pois promove suavemente o relaxamento mental e limpa a energia negativa.

Também é excelente no apoio à digestão, ajudando com resfriados, gripes e outras condições febris. Como agente microbiano, também pode ser usada para problemas bucais e dentários e doenças gengivais. No entanto, altas doses de sálvia não devem ser tomadas durante a gravidez e devem ser evitadas se você sofrer de epilepsia.

Salgueiro *(Salix* spp.*)*

Árvore incrivelmente bela e graciosa, com galhos macios e curvos. O salgueiro é amado e reverenciado há séculos em muitas culturas diferentes. Uma árvore sagrada para todas as principais religiões e também uma das treze árvores mágicas do ano celta; muitas histórias antigas celebravam o antigo mistério desta planta encantadora. Há muitas espécies de salgueiro, encontradas na maior parte do mundo; todas elas morrem no outono e renascem na primavera, ecoando o espírito de regeneração que está no centro da magia eterna do salgueiro.

Medicinalmente, o salgueiro é a fonte do ácido salicílico (o principal ingrediente da aspirina), e os usos medicinais desta planta foram documentados desde a antiguidade. Além de suas qualidades analgésicas, o salgueiro também é anti-inflamatório e pode ser usado para aliviar problemas musculares e articulares; é também uma erva antisséptica e útil para febres e doenças de inverno, como gripes e resfriados.

Os chás feitos com as folhas picadas do salgueiro têm fortes propriedades de cura emocional: ajudam a lidar com sentimentos dolorosos e intrusivos, oferecem proteção contra a negatividade (seja de fontes internas ou externas) e nos ensinam a ser flexíveis e a aceitar as mudanças com graça e coragem. Isso é particularmente verdadeiro quando estamos passando por períodos de luto ou perdas que achamos difíceis de aceitar.

Tília *(Tilia europaea)*

As árvores de tília são muito conhecidas na Europa, onde as flores são tradicionalmente preparadas em tisanas, especialmente como bebida calmante após o jantar, garantindo uma boa digestão e uma noite de sono tranquila devido às suas qualidades sedativas leves, que ajudam a aliviar a ansiedade e a tensão. Também é usada para tratar a pressão alta, especialmente quando relacionada ao estresse, e ajuda a reduzir os depósitos de gordura nos vasos sanguíneos que podem causar problemas de saúde potencialmente perigosos, como ataques cardíacos ou derrames. Não é preciso dizer que isso não deve substituir a avaliação e o tratamento médico por profissionais da saúde.

Nas antigas tradições e lendas, a tília é considerada mágica e protetora contra espíritos malignos e forças nocivas. A árvore é sagrada para a Virgem Maria, santuários para ela são frequentemente pendurados em seus galhos ou troncos na Europa.

A tília pode nos ajudar a nos curar emocionalmente quando estamos passando por momentos de dor, mágoa e desgosto; beber chá de tília nos ajuda a nos reconectar com energias emocionais saudáveis e pacíficas e nos lembra de que sempre podemos acessar o amor e o apoio da nossa grande Mãe Terra.

Tomilho (*Thymus vulgaris*)

Adoro tomilho e nunca ficaria sem ele, seja na minha cozinha ou no armário do banheiro – é uma erva tão útil e deliciosa! Embora existam muitas variedades desta planta, apenas o tomilho culinário comum serve para a maioria das aplicações; no entanto, se você conseguir obter tomilho-limão, sugiro que o cultive também, pois ele é particularmente bom em chás e produtos assados. (O tomilho seca bem e mantém seu sabor intenso e característico, portanto, as folhas frescas ou secas podem ser usadas alternadamente). E não se esqueça das lindas flores, que também podem ser usadas conforme necessário!

O tomilho é uma erva antisséptica e antimicrobiana, o que o torna ideal para tratar problemas do sistema respiratório, além de ser bom para problemas digestivos de todos os tipos, inclusive inchaço e diarreia. Se você sofre de dores de cabeça tensionais ou enxaquecas, o tomilho proporcionará um alívio suave. Ele é conhecido por suas propriedades edificantes, incentivando um senso de otimismo e esperança quando nos sentimos totalmente esgotados. O tomilho nos dá coragem e um senso de novas possibilidades. Evite tomar grandes quantidades se estiver grávida ou amamentando.

Trevo *(Trifolium pratense)*

Observe que aqui nos referimos ao trevo-vermelho, embora o trevo--branco (*Trifolium repens*) também seja amplamente utilizado; estas plantas (às vezes, infelizmente, consideradas ervas daninhas nocivas) têm uma história longa e ilustre que remonta aos tempos dos antigos druidas. Acreditava-se que elas eram portadoras de sorte e prosperidade, e uma xícara de chá de trevo era um remédio antigo e confiável para todos os tipos de doenças, desde tosse e artrite até problemas de fígado e eczema. Tanto as flores quanto as folhas, frescas ou secas, podem ser usadas para chás e infusões; as flores também podem ser picadas e adicionadas a chás gelados.

Ulmária *(Filipendula* spp.)

Esta erva aromática, com suas pequenas flores com aroma de amêndoa, é muito apreciada pelas abelhas. A planta inteira pode ser usada por suas propriedades adstringentes e anti-inflamatórias, especialmente para artrite, reumatismo, dores e problemas digestivos.

A ulmária era considerada pelos druidas como uma erva sagrada, frequentemente usada em feitiços de amor e cerimônias de casamento. Ela ajuda a curar e a remover bloqueios emocionais que nos impedem de seguir em frente em nossa vida.

Urtiga *(Urtica dioica)*

Não é à toa que é chamada de "urtiga", portanto, tenha cuidado – e use mangas compridas e luvas – ao colher qualquer parte desta planta. Na verdade, esta é uma erva extremamente valiosa; embora em grande parte do Hemisfério Norte seja vista simplesmente como uma erva daninha, a urtiga tem todos os tipos de usos terapêuticos e culinários (a sopa de urtiga ou o pesto são deliciosos). A planta é muito rica em minerais e vitaminas.

O chá de urtiga, que pode ser feito com folhas e flores frescas ou secas para os meses de inverno, estimula a circulação, trata infecções virais e ajuda a regular os níveis de açúcar no sangue. É um remédio tradicional para limpeza do sangue e é útil para artrite, gota e outros problemas relacionados às articulações; também ajuda a fortalecer o cabelo e as unhas e a mantê-los em ótimas condições. Experimente usar algumas xícaras de chá de urtiga frio como enxágue final depois de lavar o cabelo com xampu.

A urtiga sempre foi uma poderosa aliada das Bruxas Verdes, um lembrete das possibilidades selvagens que temos em nosso ser e do potencial que temos para crescer e mudar. A urtiga é uma erva forte, que nos permite ser quem somos sem remorso e exercer nosso direito de criar limites pessoais saudáveis.

Valeriana *(Valerian officinalis)*

Esta planta alta e ereta foi mencionada por Hipócrates, o pai da medicina moderna, portanto, tem uma história longa e honrosa. A valeriana é um poderoso relaxante para o sistema nervoso, podendo ser usada para tratar insônia, estresse ou ansiedade. Entretanto, ela não deve ser usada com outros antidepressivos; em caso de dúvida, consulte seu médico para obter orientação.

As raízes (frescas ou secas) podem ser usadas para chás e tinturas; no entanto, é preciso dizer que a raiz de valeriana seca não é particularmente apetitosa em termos de sabor ou aroma, geralmente é melhor se combinada com outras ervas ou adoçada com um pouco de mel.

A valeriana era tradicionalmente usada nos festivais e rituais de *Samhain* e *Yule* e para o lançamento de feitiços de amor e de proteção contra entidades malignas ou negativas e sonhos ruins. É uma erva que nos convida a descansar, a deixar de lado nossos medos e dúvidas, permitindo-nos vivenciar verdadeiramente nossas emoções sem censura ou culpa.

Vara-de-ouro *(Solidago virgaurea)*

Conhecida erva medicinal desde os tempos medievais (favorita de Culpeper, o herborista mais famoso de sua época, que acreditava que ela era a melhor erva para tratar todos os tipos de doenças). Uma planta amarela brilhante, também usada pelos nativos americanos para problemas como pedras nos rins e infecções do trato urinário, dores nas costas, alergias, febre do feno e como calmante em situações estressantes.

O chá pode ser feito de flores e folhas frescas ou secas e tem um sabor fresco e aromático. Este chá pode ser adicionado a outros chás que são um pouco menos agradáveis ao paladar para torná-los mais saborosos.

Verbena *(Verbena officinalis)*

Não deve ser confundida com a verbena-limão. Esta erva antiga e curativa era amplamente utilizada pelos nativos americanos como tônico e remédio para todos os tipos de doenças, como febres, tosses, resfriados e problemas digestivos. Mas são suas qualidades mágicas que são realmente excepcionais: a verbena pode nos ajudar a encontrar nosso centro de calma e equilibrar nossas emoções, ajudando a eliminar bloqueios mentais e negatividade. Amplamente utilizada para adivinhação e trabalho de feitiços no *Samhain*, a verbena nos permite olhar além do óbvio e viajar para lugares de encantamento e magia. Por este motivo, também é uma erva bastante poderosa, portanto, deve ser usada com moderação; em excesso, pode causar náusea e outros problemas digestivos.

Violeta *(Viola odorata)*

Lembro-me de que minha mãe tinha alguns ramos destas flores delicadas, com sua fragrância inconfundível e assombrosa, crescendo em um canto silencioso e sombreado de seu jardim; mesmo quando era pequena, eu me sentia atraída por elas. Seu aroma nostálgico tornou as violetas uma planta favorita durante séculos. A humilde violeta era adorada pelos gregos antigos e foi registrada pela primeira vez como planta medicinal no primeiro século EC. Chás e tinturas de violeta eram usados no Oriente Médio, no Norte da África e na Europa, especialmente na França, onde continuam sendo os favoritos até hoje.

Utilizadas como chá medicinal, as folhas, flores e raízes de violeta são calmantes e curam tosse, gripe, sinusite e dor de garganta. As flores são lindas quando usadas como decoração para produtos de panificação e sobremesas e podem ser cristalizadas para este fim. As fragrâncias geralmente incluem violetas por seu efeito docemente reconfortante e edificante, e isso também será encontrado ao beber seu chá. Esta bela planta também tem o antigo nome de *heartsease* (amor-perfeito), que parece totalmente apropriado devido à sua natureza suave e edificante.

CONCLUSÃO

Espero que este livro tenha servido como uma introdução útil e inspiradora ao mundo mágico dos chás, em todas as suas muitas e deliciosas facetas. As ideias contidas neste livro têm a intenção de ser um trampolim ao longo de um caminho que, em última análise, leva a uma festa de chá no jardim, repleta de magia verde e luar!

Sirva seu chá. Sente-se um pouco. Você é bem-vinda aqui; você é amada. Não há nada que tenha que fazer, nada que precise ser realizado. Sente-se e beba seu chá, sabendo que tudo está como deve estar.

Respire e sonhe profundamente. O encantamento e a paz são seus, agora e sempre.

Bibliografia

Esta é uma pequena lista de livros que me ajudaram e inspiraram em minha jornada com ervas.

BREMNESS, Lesley. *The Complete Book of Herbs*. London: Dorling Kindersley, 1988.

FRANKLIN, Anna. *The Hearth Witch's Kitchen Herbal*. Woodbury, MN: Llewellyn Worldwide, 2019.

HESSE, Eelco. *Tea: The Eyelids of Bodhidharma*. Dorset: Prism Press, 1982.

JOHNSON, Cait. *Witch in the Kitchen*. Rochester, VT: Destiny Books, 2001.

KYNES, Sandra. *Sea Magic*. Woodbury, MN: Llewellyn Worldwide, 2015.

MCVICAR, Jekka. *Jekka's Complete Herb Book*. London: Kyle Cathie Limited, 1994.

MIERNOWSKA, Marysia. *The Witch's Herbal Apothecary*. Beverly, MA: Fair Winds Press, 2020.

MORISHITA, Noriko. *The Wisdom of Tea*. London: Allen and Unwin, 2020.

MURPHY-HISCOCK, Arin. *The Witch's Book of Self-Care*. Avon, MA: Adams Media, 2018.

NICKERSON, Brittany Wood. *Recipes from the Herbalist's Kitchen*. North Adams, MA: Storey Publishing, 2017.

ORTIZ, Elizabeth Lambert. *The Encyclopedia of Herbs, Spices, and Flavorings*. London: Dorling Kindersley, 1992.

PERRAKIS, Athena. *The Book of Blessings and Rituals*. Beverly, MA: Fair Winds Press, 2019.

Reader's Digest Farmhouse Cookery. London: Reader's Digest Association, 1980.

ROBERTS, Margaret. *Herbal Teas for Healthy Living*. Cape Town: Random Struik, 2008.

SUGESTÕES DE LEITURA